Kerstin Held

MAMA HELD

Seite-2-Text nur für Ebook:

Kerstin Held schafft es wie keine Zweite, Kinder glücklich zu machen, die sonst keine Chance hätten. Die heute 44-Jährige gibt behinderten Pflegekindern ein familiäres Zuhause – oft gegen viele Widerstände. Kerstin Held ist 25 Jahre alt, als sie zum ersten Mal ein behindertes Pflegekind aufnimmt, ein Schritt, für den es im Jahr 2000 noch gar keine gesetzliche Regelung gibt. Die Aufnahme von Pflegesohn Sascha wird zum Präzedenzfall in Deutschland und sorgt in der Gesetzgebung für die bis heute gültige Übergangsregelung. Dadurch wird Kerstin Held zur unermüdlichen Kämpferin in Sachen Inklusion und Gleichberechtigung für behinderte Pflegekinder. Schließlich hat sie mit einer ausufernden Bürokratie, unklaren Rechtslage und vielen Vorurteilen zu kämpfen. Bis heute hat Kerstin Held als Pflegemutter zwölf Kinder aufgenommen, zehn davon schwerbehindert. In »Jedes Kind hat ein Recht auf Familie« erzählt sie nun von ihrem steinigen Weg zur »Mama Held« und heutigen Vorsitzenden des Bundesverbands behinderter Pflegekinder. Kerstin Held setzt sich mit all ihrer Kraft dafür ein, dass behinderte Pflegekinder eine größere Lobby bekommen.

Kerstin Held

MAMA
HELD

*Jedes Kind
hat ein Recht
auf Familie*

Unter Mitarbeit von
Daniel Oliver Bachmann

Kösel

MIX
Papier aus verantwor-
tungsvollen Quellen
FSC® C014496

Verlagsgruppe Random House FSC® N001967

Copyright © 2020 Kösel-Verlag, München,
in der Verlagsgruppe Random House GmbH,
Neumarkter Str. 28, 81673 München
Umschlag: Weiss Werkstatt München
Umschlagfoto: Jacobia Dahm
Satz: dtp im Verlag
Druck und Bindung: GGP Media GmbH, Pößneck
Printed in Germany
ISBN 978-3-466-37260-7
www.koesel.de

Dieses Buch ist auch als E-Book erhältlich.

Dieses Buch widme ich jedem Menschen, der einem Kind mit Behinderung ein Zuhause und eine Familie gibt. Besonders widme ich es den Pflege- und Adoptivfamilien, die mit allem Mut diesen Weg gehen und sich allen Herausforderungen stellen. Aber auch denen, die sich für Kinder mit Behinderung einsetzen, die nicht in der Herkunftsfamilie leben können.

Meine Widmung geht aus tiefem Herzen an all die Kinder, die nicht unbeschwert bei ihren Eltern leben können. Jene Kinder, die gesund zur Welt hätten kommen können, wenn Alkohol und Drogen nicht existieren würden. Mein Herz gehört euch, die ihr in den ersten Lebenswochen einen Kampf um das Überleben führen müsst. Ihr kommt als »Benjamin Button« zur Welt, so weise und so unendlich tapfer.

Und es wär' doch ganz schön, wenn man Dinge gewinnt,
die schon längst verloren waren ...
Johannes Oerding, Benjamin Button

INHALTSVERZEICHNIS

Das größte Geschenk, das du jemandem machen kannst,
bist du selbst - jemandem ein Stück deines Herzens zu geben
ist mehr wert, als der ganze Reichtum der Welt.

Michael Jackson

PROLOG

Ich hatte viele Situationen in meinem Leben, in denen es darum ging, mit einem Entschluss meinem Weg eine neue Richtung zu verleihen: als meine Schwester starb und ich nicht zur Beerdigung ging, sondern ihrem besonderen Schicksal auf meine Weise gedachte. Als ich früh von zu Hause auszog, um mich von meiner sehr besonderen Mutter loszueisen. Als ich für Michael Jackson arbeitete, und damit wieder aufhörte, weil diese Welt nicht meine Welt war. Als ich meinen besten Freund heiratete und mich wieder von ihm trennte. Als ich begann, mit Menschen mit Behinderung zusammenzuarbeiten, und dabei feststellte, wie gut wir uns verstanden. Als ich mein erstes behindertes Pflegekind aufnahm, gegen alle Widerstände, die mir der Staat, meine Familie, meine Freunde und Bekannten damals in den Weg legten. Als ich eine Bundestagspetition erwirkte und dafür sorgte, dass Menschen wie ich behinderte Pflegekinder aufnehmen dürfen, die zuvor in Heimen lebten. Als ich den Anruf bekam, da gäbe es diesen Jungen, 5 Jahre alt und lediglich 84 Zentimeter groß, geistig behindert, schwerst traumatisiert, der in Obhut genommen wurde, weil er schwere Misshandlungen erleben musste. Als ich ihn zu mir nahm und er nur Töne von sich geben konnte wie das Spielzeug Furby, der einzige Begleiter auf seiner emotional einsamen Odyssee. Als er in unserer Familie geradezu aufblühte und in der Silvesternacht 2001 Punkt Mitternacht ein erstes neues Wort sprach.

Ich beugte mich über sein Bettchen und fragte: »Und, was sagt man jetzt? Frohes ... neues ...«

Da ging ein Strahlen über sein Gesicht und er antwortete laut und deutlich: »Zuhause!«

Darum geht es in diesem Buch, das Sie in Ihren Händen halten: Wie ich auf meinem Zickzackweg durchs Leben durch viele glückliche und manchmal auch nicht so glückliche Entscheidungen meine Bestimmung fand: Ich gebe Kindern mit Behinderung, die nicht ich geboren habe, ein Zuhause. Formell nennt man sie Pflegekinder. Für mich sind sie mein Leben. Ich sorge dafür, dass sie nicht in Einrichtungen untergebracht werden müssen, sondern ihr Recht auf eine Familie bekommen. Ich glaube fest daran, dass sie innerhalb einer Familie ihr Potenzial entfalten können und ihr Lebensglück finden. Ich bin zwar nicht ihre leibliche Mutter, aber ich bin ihre Herzmama, und das 24 Stunden am Tag, das ganze Jahr über, so lange, wie sie bei mir bleiben. Wissen Sie, was das Verblüffendste ist? Beim Schreiben wurde mir klar, dass wirklich jede Entscheidung, die ich jemals traf, auf diese Bestimmung hingeführt hat. Heute kann ich mir gar nichts anderes mehr vorstellen, als das zu tun, was ich mit Liebe und Leidenschaft tue. Und damit möchten meine Kinder und ich Sie in der kleinen, aber aufregenden Welt von Mama Held »Herzlich willkommen!« heißen.

DER GANZ NORMALE WAHNSINN

Auch wenn wir schon weit gekommen sind.
Wir gehen immer weiter hoch hinaus.
Egal, wie hoch die Hürden auch sind.
Sie sehen so viel kleiner von hier oben aus.

Tim Bendzko, Hoch

Wenn Sie meinen jetzigen Heimatort Ovelgönne auf der Landkarte suchen, werden Sie im Nordwesten der Bundesrepublik fündig. Zwischen Bremen und Oldenburg, nahe der Weser, wo das Land weit und grün ist und der Himmel sich bis zum Horizont erstreckt. Das ist die Gegend, von der man sagt, dass man freitags schon sehen kann, wer sonntags zum Kaffee kommt. Bis zur Nordsee ist es ein Katzensprung – was für die weitere Geschichte der Familie Held bedeutsam sein wird – und auch sonst bestimmt Wasser das Leben bei uns in der Wesermarsch. So heißt die Region, in der man niemals vergessen sollte, Gummistiefel parat zu haben. Denn überall fließt, plätschert und gluckert es, in Priele und Siele, wie wir die Gräben und Durchläufe nennen, die dafür sorgen, dass wir nicht ständig nasse Füße bekommen. Der Boden unter uns ist torfig und weich, was manches Haus in Mitleidenschaft zieht, wenn die schweren Lastwagen vorbeirumpeln, die mit Flügeln, Motoren und Getrieben für die großen Windkrafträder beladen sind. Auch diese prägen unser Landschaftsbild: Zu Hunderten drehen sie sich im Kreis, angetrieben vom stetigen Wind, der von der Nordsee weht. Draußen auf dem Wasser entstanden in den letzten Jahren weitere Windparks, die man vom Strand aus besonders gut sieht. Dort bin ich oft mit den Kindern. Sie lieben es, im Matsch zu spielen, den das Meer bei Ebbe als Abenteuerspielplatz zurücklässt. Erwähnte ich bereits, dass Gummistiefel angesagt sind? Matschhosen, am besten Overalls, ebenfalls. Ich sollte allerdings auch nicht vergessen, dass ich neben dieser bewährten Nordsee-Ausrüstung immer Notfallrucksäcke mit Absauggeräten und anderem lebensnotwendigem Zubehör dabeihabe. Dazu kommen Rollstühle und Rehawagen. Aber natürlich auch Spielsachen, Wechselkleidung und Kekse, wie in anderen Familien auch.

Wie in anderen Familien auch. Das ist ein Satz, der mir wichtig ist. Natürlich sind wir anders, und doch sind wir es auch nicht. Denn in erster Linie sind wir einfach eine Familie. Eine Patchworkfamilie. Das steht auf der bunten Kachel, die ich neben unsere Haustür geschraubt habe: »Patchworkfamilie Die Helden« ist da zu lesen. Darunter zeigen freundlich gemalte Tiere, dass es bei uns lustig zugeht. Oh ja, auch das ist mir wichtig: Obwohl bei uns Krankheit und auch der Tod nie weit weg sind, geht es sehr lustig zu. Das hören Sie, sobald sich die Tür öffnet, und das sehen Sie dann auch: An den Wänden begrüßen Sie Porträts von Mickey Maus, Donald Duck und Kermit, dem Frosch. Die Treppenstufen, die nach oben in den ersten Stock führen, habe ich mit Zitaten von Walt Disney versehen. Das steht zum Beispiel »We whistle while we work« – »Bei der Arbeit pfeifen wir« oder »We believe in happy endings« – »Wir glauben an ein gutes Ende«. Diese

Sätze geben mir Kraft, wenn der Tod wieder einmal um die Ecke schleicht. Und wer steht aus demselben Grund gleich neben der Eingangstür? Es ist Meister Yoda persönlich: »Möge die Macht mit dir sein«, sagt er uns. Die damit verbundene Zuversicht und der Glaube an sich selbst können meine Kinder, unsere Pflegekräfte und auch ich gut gebrauchen.

Zurzeit leben vier schwerbehinderte Kinder unter meinem Dach. Drei von ihnen benötigen intensivmedizinische Betreuung. Das bedeutet in unserem Fall, dass mehrere Pflegekräfte mit im Haus sind, und zwar rund um die Uhr. Ich habe sehr vieles – einen ausgefüllten Tag, eine wunderbare Aufgabe und das Glück, Kindern, die ein besonderes Schicksal haben, eine Familie zu geben – doch eines habe ich nicht, und das ist ein Privatleben.

Sechs Uhr morgens, der Wecker klingelt, mein Tag beginnt. Im oberen Stockwerk ist mein Schlafzimmer, aber es ist kein echter Rückzugsort. Ich schlafe nie tief und fest die ganze Nacht durch. Mein Mutterinstinkt sorgt dafür, dass ich immer halb wach bin. Unten ist der Nachtdienst zu Gange, und natürlich kann ich die Pflegekräfte hören. Bei jedem Kind steht eine Kamera, die Bilder und Laute auf die Monitore der Babyphones überträgt und auch diese Geräusche kriege ich häufig mit. Das ist auch gut so, denn wenn der Notfall eintritt, muss es bei uns schnell gehen.

Im Zimmer neben mir schläft Erik. Auf den ersten Blick sehen ihm viele seine Behinderung nicht an.

»Was für ein süßer Junge«, heißt es. Manche nennen ihn »den kleinen Professor«, vor allem, wenn er seine unzähligen Fragen stellt. Dabei ist das größte Wunder, dass er überhaupt fragt. Als ich ihn aufnahm, schrie er bloß. Er schrie eine Stunde lang. Er schrie zwei Stunden lang. Er schrie drei Stunden lang, vier Stunden lang, acht Stunden lang. Einmal schrie Erik 14 Stunden lang, ohne Pause, ohne dass ihm die Stimme versagte, ohne dass ich etwas tun konnte. Damals brachte er mich an meine Grenze. Ich heulte Rotz und Wasser. Mir wurde klar, wie viel Leidensdruck das Fetale Alkoholsyndrom ihm verschafft, was eine Ursache seiner Behinderung ist. Wie es entsteht, ist – leider – schnell erklärt: durch den Alkohol, den eine werdende Mutter in der Schwangerschaft trinkt. Es braucht nur eine kleine Menge, um gravierende Folgeschäden zu verursachen.

Es hieß, als ich Erik zu mir nahm, dass er niemals viel können wird. Im Arztbrief lautet der Schlusssatz: »Dem Knaben wird alsbald seine Behinderung anzusehen sein.« Wenn Sie der Meinung sind, das klingt hartherzig, haben Sie recht Trotzdem höre ich solche Sprüche häufig. Sie stacheln mich an, weil ich denke: »Euch werden es die Kinder schon noch zeigen!« Daher bin ich stolz darauf, dass Erik bald in die Schule gehen wird und irgendwann selbst entscheidet, ob er getauft werden will oder nicht.

Nachts kommt er oft zu mir, daher ist die Tür zwischen unseren Zimmern offen. Dann will er »muckeln«, unsere Wortschöpfung für kuscheln. Erik braucht viel Nähe, und das ist noch so ein Wunder. Als ich ihn zu mir nahm, konnte er keinerlei Berührung aushalten, ganz so, als würde sein kleiner Körper bei jedem Kontakt einen elektrischen Schlag erhalten. Dass »Warum?« sein liebstes Wort wurde, dass er neben mir am Herd steht und Gemüse schnippelt, dass er etwas isst – wenn auch nur mit Tricks, die ich anwenden muss –, dass sein Lachen so ansteckend ist, dass alle mitlachen müssen, dass er unser Dasein bereichert: das alles entstand durch die Kraft der Familie. Deshalb bin ich eine unnachgiebige Verfechterin des Rechts jedes Kindes auf Familie. Und damit meine ich auch behinderte Kinder. Sie haben dasselbe Recht auf Familie wie alle anderen.

Jetzt rührt sich diese Familie, und ich sollte aufstehen. Raus aus den Federn! Waschen, Zähne putzen anziehen – das alles läuft nicht anders ab als in vielen Familien, Behinderung hin oder her. Wo ist mein Lieblings-T-Shirt, Mama? Hier, aber wo sind deine Socken? Kannst du mir bitte sagen, was sie in der Lego-Box zu suchen haben?

Ich gehe mit meinen Kindern kein Haar anders um als viele Mütter mit ihren. Es gibt keinen Behinderten-Bonus. Ich erziehe sie so, dass ich ihr Potenzial fördere und ihnen gleichzeitig beibringe, was sie wissen müssen, um durchs Leben zu kommen. Dabei kann ich auch mal laut werden, das steckt in meinem Naturell. Ich versuche dabei, nicht ungerecht zu sein, denn Ungerechtigkeit habe ich als Kind selbst erfahren. Deshalb weiß ich, wie sehr sie ein Kind verwirrt gleichgültig, ob es behindert ist oder nicht. Was ich auch nie tue: Ich bin keinem über längere Zeit hinweg böse. Es ist ein eisernes Prinzip im Hause von Mama Held: Jeder Tag muss gut zu Ende gehen.

Heute Morgen fühle ich mich ein wenig zerschlagen, denn die Nacht war unruhig. Jonathan schläft in der Regel zwei Stunden am Stück, danach ist er eineinhalb Stunden wach. Bei Richard kann es ähnlich sein. Cora hat eine sehr niedrige Herzfrequenz und muss immer wieder umgelagert werden. Ihr Monitor piepst, wenn ihr Pulsschlag auf unter 45 Schläge pro Minute fällt. Coras lange Atempausen – in der Fachsprache spricht man vom Bradykardie-Apnoe-Syndrom – haben Auswirkungen auf den Herzschlag, der dann plötzlich zum Erliegen kommen kann. Muss man sie deshalb mehrmals wecken, kann sie einen epileptischen Anfall bekommen, da dies eine Epilepsieform ist, die beim Einschlafen und Aufwachen ausgelöst wird. Das war heute Nacht leider der Fall. Ich bin mit aufgestanden, um sie gemeinsam mit dem Nachtdienst zu versorgen. Mithilfe eines Notfallmedikaments können diese Anfälle meist beendet werden. Grundsätzlich beruhigen wir ihren Organismus mit einer öligen Lösung, in welcher der Wirkstoff THC steckt. Gemeinhin bekannt unter dem Wort Cannabis. Seit Cora ihn erhält, geht es ihr um einiges besser. Doch das war ein langer Weg: Zwei Jahre musste ich mit ihrer Krankenkasse darum kämpfen.

Frisch gewaschen, mit geputzten Zähnen und strubbeligem Haar hüpft Erik die Treppe hinab. Unten, im Erdgeschoss, hat der Tag ebenfalls schon begonnen. Der Nachtdienst ist dabei, die Übergabe an die Pflegekräfte der nächsten Schicht vorzubereiten. Dabei erhalte ich den Rapport der Nacht. Einiges habe ich mitbekommen, über den Rest werde ich ins Bild gesetzt. Während ich mich über Zahlen und Diagramme beuge, versorgt eine Pflegekraft den kleinen Richard. Sie ist eine gelernte Kinderkrankenschwester und hat viele Jahre in einem Krankenhaus gearbeitet. Dort war sie für zehn bis fünfzehn Kinder gleichzeitig verantwortlich, jetzt ist es nur eines. Das klingt nach paradiesischen Umständen, und ganz falsch ist dieser Eindruck nicht. Im typischen Krankenhaus-Jargon spricht man vom Pfleger-Patienten-Quotient. Gemeint ist, für wie viele Patienten eine Pflegekraft oder ein Arzt zuständig ist. Dieser Quotient ist nicht allzu gut. Und das ist nicht nur in normalen Krankenhäusern so, sondern auch in Kinderkliniken oder

Seniorenheimen. Zu wenig Fachpersonal kümmert sich um zu viele Patienten. Klar, dass ein Einzelner dabei auf der Strecke bleibt.

Nun fragen Sie sich, wie es sein kann, dass sich bei Mama Held eine Krankenschwester um einen Jungen kümmern kann? Wie schaffe ich es, bei mir einen Pfleger-Patienten-Quotienten von 1:1 herzustellen, was wie ein schöner Traum klingt? Das werde ich Ihnen in den kommenden Kapiteln erzählen. Dann werden Sie sehen, welche positiven Auswirkungen diese intensive Betreuung mit sich bringt: Sie sorgt dafür, dass das eine oder andere Wunder passieren kann. Eines will ich gleich vorwegnehmen, und das ist die Sache mit dem lieben Geld. Schließlich leben wir in einem Land, in dem der Taschenrechner eine wichtige Funktion einnimmt. Jeder Arzt und jede Pflegekraft muss alles minutiös festhalten, damit es abgerechnet werden kann. Das ist bei mir auch so. Ich halte ebenfalls alles minutiös fest. Wenn man am Ende die große Rechnung aufmacht und das Familiensystem mit dem stationären Unterbringungssystem vergleicht, gibt es nur einen Sieger: Die Betreuung behinderter Pflegekinder in einer Familie kostet den Staat und Steuerzahler viel weniger, als wenn man sie in Einrichtungen und Kliniken unterbringt – wo sie obendrein nicht so intensiv betreut werden können. Das wissen nur wenige – was sich mit diesem Buch hoffentlich ändert.

Aber lassen wir das Geld erst mal außer Acht, denn es gibt Frühstück! Das läuft bei uns ein bisschen anders ab. Richard zum Beispiel kann gar nicht essen. Er kam in einer Badewanne in einem Bordell zur Welt, als Kind einer obdachlosen Prostituierten. Sie ist HIV positiv, heroinsüchtig und alkoholkrank. Daher hat auch Richard das Fetale Alkoholsyndrom.

Wie viele Kinder mit FAS – das gängige Kürzel für diese Behinderung – ist er kleinwüchsig. Dazu hat er Fehlbildungen im Gesicht, motorische Einschränkungen und Störungen im Verhalten, bei seiner Gedächtnisfunktion, seiner Aufmerksamkeit und seiner Fähigkeit zu lernen. Als wäre das nicht genug, ist Richard Autist, und, was sein Leben ständig bedroht: er kann nicht genügend Sauerstoff aufnehmen. Deshalb ist er über einen Schlauch mit einem Sauerstofftank verbunden. Das ist ein großes Ding, das in einer Ecke steht und das ich, um es freundlicher zu gestalten, mit einem Krümelmonster-Überzug in ein Spielzeug verwandelt habe. Der Schlauch ist lang genug, um Richard seine Bewegungsfreiheit zu geben, die er auch gerne nutzt. Wir – einschließlich unsere Familienhunde Findus und Greta – achten darauf, dass wir nicht darüberstolpern, denn der Schlauch endet in einer Trachealkanüle unterhalb von Richards Kehlkopf. Wie viele autistische Kinder isst er nicht. Das passiert unter anderem auch, wenn diese Kinder in ihren frühsten Lebenswochen durch Intensivmedizin überwältigt werden. Aus diesem Grund hat Richard eine Magensonde. Das ist ein Schlauch in der Bauchdecke, der direkt im Magen endet. Über die nimmt er sein Frühstück zu sich. Dazu setze ich oder die Pflegekraft eine Spritze mit hochkalorischer Nahrung an die Sonde und gebe den Inhalt hinein. Danach wird Richard frisch gewickelt, gewaschen und angezogen. Meistens will er dann in meine Arme. Ich möchte nicht allzu oft das Wort Wunder in den Mund nehmen, aber an dieser Stelle soll es nochmals geschehen. Schließlich sagt man über Autisten, dass sie

Emotionen kaum erkennen noch interpretieren können, was zur Folge hat, dass sie selbst nur wenige soziale und emotionale Kompetenzen entwickeln. Das habe ich bei Richard auch zu hören gekriegt. Nun, ich kann anderes berichten. Wenn er jetzt in meinem Arm ist, spielen wir unser Lieblings-Ritual. Dazu klopfe ich mit dem Finger sanft auf seine Stirn und sage: »Klopf, klopf!«

Als Nächstes drücke ich sein Näschen. In einem Comic-Buch würden darüber die Laute »O-Ü« stehen, und genau die spreche ich auch aus. Spätestens jetzt zeigt Richard dieses unwiderstehliche Lächeln, das alle Menschen so an ihm lieben. Doch wir sind noch nicht fertig: Wie an einem Glöckchen ziehe ich sachte am rechten Ohrläppchen. Das macht natürlich »Bimm!«. Nun kommt das linke dran: »Bamm!« Zum guten Schluss fährt mein Zeigefinger über seine Lippen, während ich wie ein Didgeridoo-Spieler ein langes »Brrrrr« von mir gebe. Danach ist Richard an der Reihe: Klopf, klopf macht er bei mir. Dann drückt er meine Nase, O-Ü, zieht meine Ohren, Bimm, Bamm, und fährt über meine Lippen: Brrrrr! Die Töne gebe ich vor, schließlich kann er nicht sprechen, alles andere macht er selbst. Sein Wesen drückt unbändige Freude aus – von wegen, Autisten entwickeln keine emotionalen Kompetenzen! An manchen Tagen fordert Richard unser Ritual Dutzende Male ein – und er bekommt es jedes Mal. Das ist ein Vorteil im Familienverbund: wir haben dafür fast immer Zeit. Wir bauen bewusst Nähe zu ihm auf, überwinden körperliche Distanz und schulen seine Sozialkompetenz. Mit Erfolg: Dieses Kind, von dem es hieß: »Frau Held, über den Kindergarten müssen Sie sich keine Gedanken machen, das wird er nicht schaffen«, ist längst im Kindergarten.

Natürlich bräuchte ich manchmal vier Beine, vier Arme und zwei Köpfe. Denn Jonathan weint gerade, weil auch er von mir gehalten werden will. Da bin ich froh, dass meine Pflegekräfte den Kindern nicht nur die allerbeste Versorgung sicherstellen, sondern auch viel Liebe geben. Für Jonathan ist das ganz wichtig. Der Junge starb in seinen ersten Lebensstunden aus ungeklärter Ursache und wurde lange reanimiert. Durch den Sauerstoffmangel wurde sein Hirnstamm schwer beschädigt. Er kann nicht schlucken, seine Atmung ist erschwert, er kann sich so gut wie nicht bewegen und hat immer wieder Spastiken. Und er ist ein Schätzchen, wie es im Buche steht, ein Prinz Charming mit langen weichen Wimpern. Sein Gesicht drückt bedingungslose Liebe aus. Das ist Liebe, die so ehrlich und tief ist, dass es manchmal wehtut.

Kürzlich, als ich mit Jonathan im Krankenhaus war, weil ihm dort die permanente Sonde zur Nahrungsversorgung gesetzt wurde, litt er unter Schmerzen. Dann fiel sein Blick auf mich. Auf einmal bestand sein Gesicht nur noch aus diesem betörenden Lächeln. Es ging ihm wirklich schlecht, und doch legte er wie viele meiner behinderten Pflegekinder diese erstaunlichen Nehmerqualitäten an den Tag, und lachte noch dabei. Wir, die alles mit dem Verstand gegeneinander abwägen und aufrechnen, tun uns da oft schwerer. Ich gehe daher einen Schritt weiter: »Wir Erwachsenen können selbst in vielen Lebensbereichen gesunden«, sage ich gerne, »wenn wir Kinder mit Behinderungen begleiten.«

Als Vorsitzende des Bundesverbandes behinderter Pflegekinder kümmere ich mich darum, dass Pflegeeltern und Pflegekinder zusammenfinden und im Laufe ihrer gemeinsamen Zeit gut miteinander leben. Alle ehrenamtlich Engagierten im Verband bieten den Familien eine besondere Gemeinschaft. Im Laufe der Jahre konnten wir vielen Familien helfen, entsprechend groß ist meine Erfahrung geworden. Sie basiert nicht nur auf meinem Alltag, sondern auf dem von vielen Pflegefamilien in ganz Deutschland. Alle machen diese positiven Erfahrungen: Das Lachen, die unverstellte Freude und die besondere Lebensenergie behinderter Kinder wiegen die oft schwere Aufgabe allemal auf. Da heute die Welt ständig von Energiebilanzen spricht, will ich das auch tun: Diese fällt eindeutig positiv aus. Wer einem behinderten Pflegekind eine Familie schenkt, erfährt mehr Lebensfreude, als man von außen betrachtet jemals vermuten würde.

Beim ganzen Frühstücks-Hin-und-Her werfe ich immer wieder ein Auge auf Erik. Mein kleiner Professor ist sehr dünn. Sein Kopf wirkt zu groß auf dem schmalen Körper. Eine der Herausforderungen für ihn – und damit auch für mich wie für das gesamte Heldenteam – ist die Nahrungsaufnahme. Das ist ebenfalls eine der unschönen Folgen des Fetalen Alkoholsyndroms. Daher bekommt Erik zum Frühstück eine Flasche mit einem aufgelösten hochkalorischen Pulver. Damit sind wir schon einmal auf der sicheren Seite – allerdings nur, wenn er die Flasche auch leert. Das klappt, wenn er sich dabei ablenken kann. Daher darf er jetzt eine Zeit lang Fernsehen schauen. Es ist die Sendung mit dem Elefanten, die Erik vergessen lässt, dass er sein Frühstück zu sich nimmt. Es war Tüftelei nötig, um herauszufinden, wie man ihm die ungeliebte Nahrungsaufnahme schmackhaft macht – eine detektivische Arbeit, die in einer Einrichtung wohl niemand hätte leisten können.

Mich fordern solche Fragen heraus: ich will immer wissen, was ich tun kann, und ich lass auch niemals locker, bis ich es herausgefunden habe. Ich verlasse mich nicht auf Studien, die sagen, das sei zu tun und das andere zu lassen. Oder wenn einer, womöglich mit Rang und Namen, alles ganz genau weiß. Deshalb haben meine Kinder auch ihr Tablet, auf dem sie ausgewählte Sendungen sehen. Für manche Menschen sind Computer für die Kids ein »Geht gar nicht!«. Dabei sind sie ein praktisches Hilfsmittel, das hält, was andere nur versprechen: absolute Barrierefreiheit. Vor ein paar Jahren hätte mir kein Mensch geglaubt, dass ein Kind wie Richard eines Tages seinen Computer selbstständig bedienen kann, jeden Tag damit Neues lernt und dazu noch viel Spaß hat.

»Erik, du trinkst jetzt die Flasche leer!«, schallt meine Stimme durch den Raum.

Dieser Satz ist typisch für mich – und wichtig für die Kinder. In ihm steckt eine Aufforderung, die keine Interpretation zulässt. Ich verbinde sie nie mit einer Androhung von Sanktionen, wie: »Wenn du jetzt die Flasche nicht leer trinkst, dann schalte ich den Fernseher aus.« Kinder mit fetalem Alkoholsyndrom und auch Kinder mit Autismus verstehen dieses »Wenn-dann-Prinzip« nicht. Es ist ihnen zu abstrakt.

Auf diese Art und Weise haben wir es geschafft, dass Erik langsam, aber stetig an Gewicht zunimmt. Er ist noch immer das, was man einen Schmalhans nennt. Deshalb nehme ich ihn regelmäßig mit in den Supermarkt. Dort bekommt er eine Wurst an der Theke und sucht sich seinen Joghurt aus. Er lernt, dass Nahrungsmittel gut für ihn sind. Auch Richard ist mit dabei. Er soll Alltag erfahren.

Der Aufenthalt im Supermarkt bringt Normalität in seine autistische Welt.

Während der Schulzeit bekommt Cora Frühstück in der Schule. Jetzt sind Ferien. Wir setzen uns an den großen Tisch im Esszimmer. Es gibt Brötchen, Butter und Marmelade, Käse und Wurst, dazu Kaffee und Tee, und Cora isst, was wir auch essen. Sie liebt es, bei uns am Tisch zu sitzen, und wir lieben es, wenn es ihr möglich ist. Das ist nicht immer der Fall. Cora ist die extreme Frühgeburt einer jungen Mutter, die synthetische Drogen und Alkohol in der Schwangerschaft zu sich genommen hat. Sie hat eine multiple Hirnschädigung, hervorgerufen durch extreme Frühgeburt und Polytoxine. Ihre Muskulatur ist verkrampft. Ihre Füße sind derart verdreht, dass sie auf den Fußaußenseiten geht. Sie schlägt sich selbst, beißt in ihre Hand, wird von Wutanfällen gepackt, die jedoch alle etwas bedeuten. Bei Cora geht es immer um das Gefühl, ob sie sich in einem sicheren Umfeld befindet oder nicht. Wird dieses zarte Gleichgewicht gestört, kann sie mit Fremd- und Autoaggression reagieren, weil die Situation für sie unerträglich wird. Manche Leute kommen mit Cora nicht klar, etliche haben regelrecht Angst vor ihr, da sie unberechenbar wirkt. Wenn sie sich schlägt oder andere sich vor ihr fürchten, zerreißt es mich geradezu. Ich fühle mich dann sehr hilflos und versuche sie für mich und die anderen zu »übersetzen«.

Im nächsten Augenblick sage ich schon wieder: »Dieses Mädchen funkelt wie eine Diskokugel!« Ohne Licht ist jede Diskokugel bloß ein langweiliger Gegenstand. Dann heißt es »Spot an!« und schon zeigt sie sich in den schönsten Farben.

Das trifft auf Cora zu. Fällt das richtige Licht auf sie, kann man nur staunen. Dieses Mädchen steckt voller Liebe. Sie liebt Richard und Jonathan über alles – geht es den beiden nicht gut, geht es ihr auch nicht gut. Außerdem spürt sie lange vor uns, wenn sich Krankheit oder gar Schlimmeres ankündigen. Und dann liebt sie Musik! Diese ist für sie wie für mich ein Lebenselixier. Vor allem die Musik von Sarah Connor hat es ihr angetan. Cora hat sich die Musikerin als Lieblingskünstler ausgesucht. Sie versteht alle Texte und spricht sie in ihrer eigenen Sprache nach. Gehen wir auf ein Konzert – oh ja, natürlich gehen wir auf Konzerte! –, erleben Sie ein Mädchen, welches mich an das taube Mädchen im Lied von Herbert Grönemeyer erinnert, auch wenn Cora selbst gut hören kann. Doch die Zeile »ihr Blick ist der Welt entrückt« trifft den Nagel auf den Kopf: Im Konzert ist Cora nur noch Glück, Glück, Glück.

Das ist auch der Fall, wenn sie auf dem Rücken eines Pferdes sitzt. Eine meiner Pflegekräfte ist ausgebildete Reittherapeutin mit einem für diese Zwecke geschulten Pferd. Lassen es Wind, Wetter, Schule und Gesundheit zu, gehen wir reiten. Kontakt mit Tieren ist für die Kinder ohnehin wichtig. Sie bekommen ihn zum Glück mit unseren Hunden den ganzen Tag. Doch diesen kräftigen Pferdekörper zu spüren, setzt der Sache die Krone auf. Dazu ist ein Pferd als Fluchttier ständig auf der Hut – was Cora auch ist. So hat sie auf eine natürliche Weise einen Verbündeten gefunden. Das alles teilt sie mir mit, wenn auch in ihrer eigenen Sprache. Diese nenne ich Corajanisch. Ich verstehe, was Cora sagt, und ihre Assistenzkraft ebenso. Für die meisten Menschen klingt Corajanisch jedoch unverständlich wie alle fremden Sprachen dieser Erde.

Hat jeder sein Frühstück eingenommen, trifft während der Schulzeit der Fahrdienst ein. Erik und Richard gehen in den Kindergarten. Cora wird mit dem Bus der Lebenshilfe zur Schule gebracht. Eine Pflegekraft aus dem Heldenteam begleitet Richard, um seine lebenswichtige Versorgung zu sichern. Vorher haben wir noch einmal überprüft, ob die mobile Sauerstoffversorgung einwandfrei funktioniert. Darauf wird die Pflegefachkraft achten. Fällt Ihnen jetzt der moderne Begriff Helikoptereltern ein, die ständig über ihren Kindern kreisen, so klingt diese Situation doch ähnlich? Der große Unterschied ist: Richards Leben hängt am seidenen Faden, was in seinem Fall ein Schlauch aus Kunststoff ist. Er besucht einen gewöhnlichen Kindergarten, wo getobt und gespielt und gerannt und vielleicht auch ein bisschen gerauft und geschubst wird. Die helfende Hand achtet darauf, dass ihm dabei nichts zustößt. Dazu muss sie die Balance bewahren. Wir wollen ihn nicht verhätscheln. Die anderen Kinder sollen nicht das Gefühl haben, dass er etwas Besseres ist. Die Pflegekraft muss also da sein und sich gleichzeitig zurückhalten. Sie übernimmt keine der Aufgaben, die üblicherweise in jedem Kindergarten anfallen, das bleibt Aufgabe der Erzieherinnen und Erzieher.

Richard gefällt es dort. Den Kindern tut der Umgang mit ihm gut. Sie lernen, dass es keine Selbstverständlichkeit ist, dass man atmen, essen und gehen kann. Die Situation ist ein echter Win-Win, weil alle Seiten davon profitieren. Das ist mein großes Ziel: ein selbstverständliches Miteinander vom Kinderspielplatz bis zum Verwaltungsbüro.

Einmal hatte ich eine Praktikantin. Sie war richtig gut, kam prima mit den Kindern zurecht. Eines Tages fuhr ich mit ihr zu einer Familie ein paar Dörfer weiter. Auf dem Programm stand Hilfsmittelberatung. Hinter diesem Begriff verbirgt sich Wichtiges: Durch die richtigen Rollstühle, Essensgeschirre, Stühle, Lampen, Schuhe, Kleidung – die Aufzählung lässt sich unendlich fortsetzen – kann das Leben deutlich erleichtert werden. Viele haben jedoch keine Ahnung, was der Markt alles bietet und von der Krankenkasse tatsächlich übernommen wird. Durch meine Ausbildung zur Ergotherapeutin habe ich das von der Pike auf gelernt. Noch heute wälze ich jeden Katalog jedes Anbieters, weil ich neugierig bin, was findige Geister an brauchbaren Dingen erschaffen haben. Damit andere davon profitieren, biete ich diese Hilfsmittelberatung an. Auch dieser Familie konnte geholfen werden. Als wir zurückfuhren, war meine Praktikantin auffallend still. Auf einmal platzte es aus ihr heraus: »Kerstin! Ist dir aufgefallen, dass diese Leute drei behinderte Kinder haben?«

Für einen Moment war ich baff – was bei mir etwas heißen will. Dann fragte ich: »Und das ist für dich außergewöhnlich?«

»Ja, klar! Gleich drei behinderte Pflegekinder!«

Ich lächelte in mich hinein. »Wie lange bist du bei mir?«

»Morgen sind es vier Wochen.«

»Und wie viele behinderte Pflegekinder leben bei uns?«

Da wurde sie wieder still. Dann schüttelte sie verwundert den Kopf. »Du hast recht. Vier! Weißt du was? Bei dir fällt mir das nicht auf.«

Ich freute mich über ihre Worte. Was könnte besser diese Selbstverständlichkeit ausdrücken, die ich mir wünsche?

Sind die Autos vom Hof und außer Jonathan alle Kinder aus dem Haus sinkt der Geräuschpegel bei Familie Held erst mal um einige Dezibel. Zeit zum Durchatmen bleibt jedoch nicht.

Die Pflegekräfte, die im Haus arbeiten, sind meine Angestellten. Ich habe sie ausgewählt, sie eingestellt, verwalte die Gehälter, bin für sie verantwortlich. Daher gibt es bei mir wie anderswo Dienstbesprechungen in der Gruppe und einzelne Mitarbeitergespräche. Irgendwo drückt immer ein Schuh. Mir ist wichtig, dass alle ihre Arbeit mit Freude und Motivation verrichten. Der Betreuungsschlüssel stimmt, doch ist er nur eine Seite der Medaille. Zusätzlich stellt noch ein Pflegedienst die Fachkräfte für die nächtliche Überwachung der Kinder. Die private Atmosphäre kann zu Irritationen führen. Einmal wachte ich nachts durch Geräuschen auf, die ich nicht einordnen konnte. Als ich die Treppe hinabstieg und ins Wohnzimmer kam, fand ich zwei Mitarbeiter des Pflegedienstes in leidenschaftlicher Umarmung auf dem Sofa. Monitore und Babyphone waren unbeachtet. In einer anderen Nacht schrien sich die Diensthabenden derart laut an, dass ich wieder wach wurde. Da zeigt sich die Kehrseite der Medaille. Manche können schon mal vergessen, dass sie im Zuhause von mir und meinen Kindern sind. Und so menschelt es bei Familie Held, was bei Weitem nicht das Einzige und vor allem nicht das Wichtigste ist, was der häuslichen Intensivpflege Probleme bereitet. Das Schlagwort »Pflegenotstand« ist nicht umsonst in aller Munde, und der liegt nicht nur am Fachkräftemangel. Auch die Heldenfamilie ist davon betroffen. Der Pflegenotstand beginnt bei der Organisation der Pflegedienste. Da ist viel Luft nach oben. Die von den Diensten bereitgestellten Pflegekräfte sind oft ganz auf sich allein gestellt. Durch ihre Arbeitszeiten treffen sie selten einen Kollegen zum Austausch, was aber wichtig wäre. Vielleicht staunen Sie, weil ich nicht gleich von einer besseren Bezahlung spreche. Tatsächlich macht ein höherer

Stundenlohn diese Arbeit nicht liebenswerter, das ist an der hohen Fluktuation der Mitarbeiter deutlich zu lesen. Gleichzeitig haben die Patienten eine hohe Abhängigkeit zu ihrem Dienstleister. Wir bei der Heldenfamilie leiden ebenfalls unter vielen und oft sehr kurzfristigen Dienstausfällen. Wenn die Nachtschicht nicht kommt, heißt das für mich: Ich übernehme, und wenn es sein muss auch mehrmals die Woche. Diese Ausfälle, schlecht ausgebildete Fachkräfte sowie bis zu 22 wechselnde Mitarbeiter im Monat haben mich dazu bewogen, das sogenannte Arbeitgebermodell zu wählen. Dabei bezahlt die Krankenkasse ein Budget zur Sicherung der Intensivpflege und ich stelle im Gegenzug das Heldenteam selbst zusammen. Damit bin ich Unternehmerin geworden, was ich nicht beabsichtigt hatte. Dafür stehen mir jetzt acht gut ausgebildete Fachkräfte zur Verfügung als beständiges und sehr motiviertes Team. Nur die nächtliche Versorgung delegiere ich immer noch an einen Pflegedienst. Tagsüber kann ich problemlos die Chefin meines Teams sein. Nachts, wenn ich schlafe, geht das leider nicht.

Nach den morgendlichen Besprechungen geht es an die Inventur. Ich gestehe, dass ich ein Ordnungsfanatiker bin. Es ist gar nicht leicht, den Überblick zu bewahren über alles, was die Kinder zum Leben und Überleben benötigen. Allein die Medikamente! Jedes Kind hat in einem Medizinschrank seine eigene Schublade. Darin findet sich alles, was Sie in einer Kinderklinik finden. Nehmen wir einmal Jonathan. In seiner Schublade lagern gut und gerne mehrere Dutzend Medikamente und Salben, von der Wund- und Heilsalbe über Ohrentropfen bis zu Betäubungsmitteln. Geht etwas zur Neige, bekomme ich vom Heldenteam einen Hinweis.

Weil doppelt besser hält, schaue ich regelmäßig das gesamte Warenlager durch. Dazu gehören Windeln, Absaugkatheter, Einlagen, Kanülen, Nahrung und Handschuhe, die in einem extra Raum lagern. Dort befindet sich auch ein Regal mit Schuhen für alle Pflegekräfte. Alles ist ordentlich beschriftet, damit es an Ort und Stelle bleibt. Der Flur des Anbaus erinnert an einen Kindergarten. Auf vier Metern Länge hängen Matschhosen, Regenjacken, Schlupfsäcke, Rettungswesten und Verkehrswachtwesten säuberlich sortiert an Haken.

Ich liebe es, wenn die Kinder draußen spielen und danach aussehen, als hätten sie sich extra im Matsch gewälzt. Hoffentlich haben sie das getan, denn es bringt den meisten Spaß! Danach heißt es, ab in die Waschküche mit allen Sachen. Ich muss durch die Infektanfälligkeit der Kinder ganz anders auf Sauberkeit und Keimlast achten. Durch Spucken, Inkontinenz, Essensschlachten und die schusselige Mama komme ich jeden Tag auf zwölf bis sechzehn Kilogramm Kleidung, die ich wasche, trockne, zusammenlege, bügle und wieder in die Schränke räume. Oft schaffe ich das erst gegen Mitternacht.

Nach der Inventur gehe ich ins Büro. Zuvor nehme ich Jonathan auf den Arm und knuddle ihn ein bisschen. Während der Schulzeit ist er am Vormittag der Hahn im Korb. Da bekommt er besonders viel Zuwendung. Eine kleine LED-Leuchte am Zeh misst seinen Herzschlag und die Sauerstoffsättigung in seinem Blut. Da diese Unregelmäßigkeiten aufweisen, können wir erkennen, ob wir eingreifen müssen. Zum Glück ist das jetzt nicht der Fall. So kann ich angehen, was ich nach all den Jahren noch immer nicht gerne tue. Ich greife zum Telefon und führe die notwendigen Gespräche mit den Behörden und Krankenkassen. Da geht es mir nicht anders wie allen Menschen, die zu pflegende Angehörige betreuen. Was immer auch benötigt wird, muss in kurzen Abständen aufs Neue beantragt und genehmigt werden. Bei vier behinderten Pflegekindern, die Intensivbetreuung benötigen, artet das in wahren Telefonmarathons und im Formular-Wahnsinn aus. Kennen Sie den Film »Und täglich grüßt das Murmeltier«? Darin ist Bill Murray als Wetterfrosch in einer Zeitschleife gefangen. In einer endlosen Abfolge erlebt er immer wieder dasselbe – der wahre Albtraum, wenn auch lustig erzählt. Mir geht es ähnlich. Immer wieder aufs Neue erkläre ich Sachbearbeitern, warum Jonathan Medikament A braucht (weil er sonst Schmerzen hat), Erik Nahrungsmittel B (weil er sonst nichts isst), Richard Kanüle C (er bekommt sonst Druckstellen in der Luftröhre) und Cora den Wirkstoff D. Gefangen in Warteschleifen und Besetztzeichen kann es sein, dass ich auch mal die Geduld verliere. Dann sage ich: »Nicht unsere Kinder sind behindert, sondern das System.«

Damit wir uns richtig verstehen: Ich bin dankbar dafür, dass in Deutschland so vieles machbar ist, weil ich weiß, wie privilegiert wir im Vergleich mit vielen anderen Ländern sind. Doch muss die Bürokratie derart ausufern? Geht es nicht auch mal ... da bricht die Musik in der Warteschleife ab und eine nette Frauenstimme will wissen, was sie für mich tun kann. Schon vergesse ich allen Groll, denn es geht schließlich nicht um mich, sondern um Jonathan, Erik, Richard und Cora.

»Guten Morgen«, sage ich. »Ich rufe an wegen meinem Pflegekind Richard. Das ist seine Krankenversicherungsnummer. Was ich brauche, ist ...«

Ist die Telefon-Orgie beendet, sind alle Bestellungen abgeschickt und die Lieferungen, die jeden Tag eintreffen, in die richtigen Schränke sortiert, halte ich kurz inne. Jetzt könnte ich einige der Aufgaben erledigen, die ich als Vorsitzende des Verbandes so habe. Dazu arbeite ich ehrenamtlich in einer Bundesarbeitsgemeinschaft mit. Dort treffen sich Experten aus der Praxis mit Politikern, um Gesetze zu schaffen, die sinnvoll für Familien mit behinderten Pflegekindern sind. Das allein könnte meinen Tag ausfüllen. Mittlerweile bin ich bekannt als Frau, die kein Blatt vor den Mund nimmt, was mich immer wieder in die Medien bringt. Als ich kürzlich in einem Vortrag sagte, »um wirklich Inklusion zu schaffen, müssen wir behindert genug denken und fühlen«, wurden einige Zuhörer ganz bleich. Jetzt habe ich zustimmende Post vor mir liegen, die ich beantworten soll. Gerade will ich mich dranmachen, als mir Cora auf »Corajanisch« sagt, dass sie in den Garten will, um auf der Klangterrasse zu musizieren.

Mein Garten ist eine kleine Wundertüte. Hier gibt es alles, was den Kindern eine Freude macht, und dazu Platz genug, um rumzutoben. Zum Glück habe ich tolle Nachbarn. Im angrenzenden Haus lebt meine Adoptivtochter Maike. Dazu kann ich eine Lanze für Ovelgönne brechen. Tatsächlich lässt es sich hier mit besonderen Bedürfnissen besonders gut leben. Die Selbstverständlichkeit, die ich mir wünsche, ist hier schon Selbstverständlichkeit. Das hat natürlich einen Grund: 1986 setzten einige Leute eine schöne Idee in die Tat um. Mit viel Engagement und persönlichem Einsatz schufen sie aus der stillgelegten Ovelgönner Mühle eine Lebensgemeinschaft. Es entstand Großartiges: 42 Wohnplätze für geistig behinderte Menschen, und dazu viele Arbeitsplätze: das Hotel »König von Griechenland«, eine Veredelungsküche mit Catering-Service, eine Wäscherei und ein Hausmeisterservice, eine Kreativ-Werkstatt, die ökologische Landwirtschaft und der Dorf-Laden. Wir haben in Ovelgönne die besondere Situation, dass Menschen mit Behinderung die vermeintlich Nichtbehinderten versorgen! Die – also uns alle – nenne ich übrigens gerne normalbehindert. In Ovelgönne versorgen also Menschen mit Behinderung die normalbehinderten Menschen. Ist das nicht toll?

Ich gehe mit Cora in den Garten, und Erik begleitet uns. Greta, unsere Golden Doodle Hündin, ist mit dabei. Was hier in liebevoller Arbeit entstanden ist, verdanke ich meinem Tatendrang, dem Wohlwollen einiger Gönner und dem handwerklichen Geschick von Mike. Ich habe keine zwei linken Hände, wenn es darum geht, mit Werkzeug umzugehen, doch was soll ich da über ihn sagen? Mike hat geradezu gesegnete Hände, die aus allem, was sie anpacken, gleich noch ein Kunstwerk schaffen, und das in handwerklich bester Güte. Egal, ob wir für Jonathan ein normales Hochbett zum kindgerechten Pflegebett umbauen oder ob wir draußen in Laubsägetechnik Walt Disney-Figuren in den Zaun setzen – Mike hört sich meine Ideen an und nickt dazu bedächtig, wie es sich für einen Mann aus der Wesermarsch gehört. Dann geht er in seine Werkstatt, die praktischerweise im Haus untergebracht ist, und weiß kurze Zeit später, wie er es anstellen wird, damit die Sache am Ende besser aussieht, als ich sie mir ausgedacht habe. Das tut er für die Helden, die er genauso ins Herz geschlossen hat wie sie ihn. Und so kann sich Cora jetzt an unserem Xylofon aus Holz betätigen und sich an den wunderbaren Klängen erfreuen, die sie darauf zustande bringt. Erik springt auf dem Trampolin, Richard verheddert sich fast in seinem Sauerstoffschlauch, weil er rauswill, und Greta setzt einen großen Haufen in den Garten, für dessen Beseitigung ich natürlich zuständig bin. Der ganz normale Wahnsinn bei Mama Held an einem ganz normalen Tag. Der auch heute damit enden wird, dass ich nach dem gemeinsamen Abendessen – ich koche für die Kinder, das Heldenteam und mich – der Besprechung mit dem Nachtdienst, dem Zubettbringen der Kinder, weiterer Papierarbeit im Büro, dem nie endenden Aufräumen im Haus und der Versorgung der Wäsche müde ins Bett falle. Trotzdem werde ich diese Nacht wie jede Nacht im Halbschlaf verbringen. Piepst ein Monitor auf beunruhigende Weise? Was macht Coras Herzschlag? Funktioniert die Sauerstoffversorgung? Hat der Nachtdienst alles im Griff? Kommt Erik gleich? Habe ich vergessen, das Präparat für Richard zu bestellen? Ich sollte vielleicht aufstehen und es sofort erledigen. Ach was, ich mache es morgen, jedoch als Erstes! Ich schreibe noch schnell die letzte E-Mail auf meinem Handy und tippe den letzten Punkt in meine To-do-Liste ein. Die Augen fallen mir zu. Mama Held schläft. Zumindest scheint es so.

EINE KINDHEIT IN DER ZWEITEN REIHE

Habt ihr meine Kindheit gesehen?
Ich bin andauernd auf der Suche nach dem, was wunderbar war.
Michael Jackson, Childhood

Irgendwas ist anders, als ich an diesem Tag aus der Schule komme. Gerade bin ich zwölf Jahre alt geworden. Wie viele Mädchen habe ich einen Schwarm auf Postern an den Wänden meines Zimmers. Ende der 80er-Jahre ist das Michael Jackson, der Super-Star aus Amerika, dessen Name in aller Munde ist. Sein Album Bad steht in 25 Ländern an der Spitze der Charts. Der Regisseur Martin Scorsese hat das Video dazu gedreht. Auf der Welttournee mit unglaublichen 123 Konzerten auf vier Kontinenten hagelt es Rekorde: Gleich sieben Mal ist das Wembley-Stadion in London ausverkauft. Sein Film Moonwalker genießt Kultstatus. Mit Staunen verfolge ich eine Sensationsmeldung nach der anderen. Gerade hat sich Michael im Santa Ynez Valley in Kalifornien die Neverland-Ranch gekauft! Ich habe niemanden, mit dem ich reden kann. Michael Jackson auf dem Poster ist ein stiller Wegbegleiter. Ihm vertraue ich alles an. Er hört zu und wendet sich niemals ab.

Auf den ersten Blick bin ich ein Teenager wie alle anderen, doch der erste Blick täuscht. Ich habe eine behinderte

Schwester im Rollstuhl. Mein Vater hat ebenfalls eine körperliche Behinderung. Er versucht, die Familie bestmöglich zu versorgen, macht die Meisterprüfung und schafft die Selbstständigkeit. Jedoch kommt mein Vater manchmal spät nach Hause, da er noch feiern war. Meine Eltern leben sich auseinander, dann verlässt mein Vater unsere Familie. Mit dieser Situation ist meine Mutter überfordert, doch sie überspielt es nach außen. Wie gut sie das kann! Meine Klassenkameradinnen bewundern sie. Was für eine coole Mutter du hast! Unsere Nachbarn sehen in ihr eine Heilige. Was diese Frau erduldet! Was diese Frau alles hinkriegt! Keiner sieht, was für eine Schauspielerin sie ist. Niemand ist so talentiert wie sie, den Schein zu wahren. Wer den Laden zusammenhält, bin ich. Ich bin das Arbeitstier in der Familie, und will es nicht länger sein. Ich will mir nicht Geld für mein Frühstück klauen müssen, weil es sonst keines für mich gibt. Ich will nicht mehr den Mann an der Tür abwimmeln, der sich als Gerichtsvollzieher vorstellt und fragt, wo meine Mutter steckt.

»Nicht da – ich weiß nicht, wo sie ist«, antworte ich, denn das hat mir meine Mutter eingebläut.

»Das sagst du, wenn er auftaucht«, lautete ihre Anweisung. Sie verbirgt sich im Schlafzimmer, bis der Mann unverrichteter Dinge abzieht. Doch er wird wiederkommen. Er wird wiederkommen mit seinem unangenehmen Geruch nach nassen Klamotten. Ich hasse den Geruch.

In mir brodelt es. Ich könnte in die Luft gehen wie das HB-Männchen, das im Fernsehen Werbung für Zigaretten macht. Aber ich darf nicht. Ich muss funktionieren. Silke, meine pflegebedürftige Schwester, ist auf mich angewiesen. Sie weiß, wie sie es anstellen muss, dass ich funktioniere, und nutzt das auch aus. Das hat sie sich von meiner Mutter abgeguckt. Sie zu versorgen ist nur eine meiner Aufgaben. Meine Mutter hat die Angewohnheit, alles stehen und liegen zu lassen. Ich räume hinter ihr her. Sogar ihre gebrauchten Slipeinlagen muss ich wegwerfen. Ich hasse auch diesen Geruch.

Seit ich denken kann, begleiten mich Gerüche. Im Treppenhaus riecht es nach Chlor, scharf und beißend. Unsere Bauklötze lagern in großen Tonnen aus Pappe, in denen zuvor Waschmittel war. Beim Spielen steigt mir dieser eigentümliche Geruch in die Nase, ich kann mich nicht dagegen wehren. Und der von Kaugummi erst! Mir ist es verboten, davon zu naschen. Gelbe Kaugummi-Streifen, auf denen Wrigleys steht. Ich weiß nicht, ob das ein Name ist oder ein Geschmack. Ich will es herausfinden. Wir machen Urlaub in einem Ferienhaus und ich stehe mitten in der Nacht auf und hole mir einen gelben Kaugummi-Streifen. Ich ziehe das Stanniol ab. Ich stecke ihn in den Mund. Ich kaue. Schmeckt das jetzt nach Wrigleys? Ich nehme die Masse heraus und klebe sie in mein Buch. Darin steht die Geschichte von Heidi, die bei Alm-Öhi Ferien von der Stadt macht. Jetzt ist die Geschichte von Heidi voller Kaugummi, weil ich mir nach dem ersten einen zweiten, dann einen dritten und dann einen vierten hole.

Es ist der Geruch, der mich am nächsten Morgen verrät. Warum riecht das Buch nach Kaugummi? Meine Großtante, die mit im Urlaub ist, schneidet mit einer Rasierklinge die Kaugummis fein säuberlich aus dem Buch, um es zu retten. Den Geruch kann sie allerdings nicht wegschneiden. Der verfolgt mich, wann immer ich es wieder zur Hand nehme. Sie will, dass ich so viel wie möglich lese. Darin bin ich nicht so gut wie in Mathe.

Ich bin etwas mehr als vier Jahre alt und meine Mutter
will, dass ich Klavierunterricht nehme. Wir leben in Nottuln in Nordrhein-Westfalen, rund 60 Kilometer von meiner Geburtsstadt Dortmund entfernt. Die Lehrerin zeigt mir
das eingestrichene C auf dem Klavier. Das soll ich spielen.
Ich lege meinen Finger auf die Taste und drücke sie.

»Genau. So klingt ein C«, sagt die Lehrerin. »Merk es dir.«

Sie schaut zu mir herab. »Es gibt noch weitere C auf
dem Klavier. Eine Tonleiter hat sieben Dur-Töne auf sieben weißen Tasten. Dann beginnt sie von vorne. Findest
du andere C?«

Sie hat kaum ausgesprochen, als ich das zweigestri-
chene C spiele und dann das dreigestrichene. Anschlie-
ßend spiele ich das C unterhalb des eingestrichenen. Die
Lehrerin ist aus dem Häuschen. So etwas sei ihr noch nie
vorgekommen. Ich weiß nicht, was sie hat. Ich habe nach
oben und nach unten gezählt, das war pipifax. So sagen
wir, wenn etwas die einfachste Sache der Welt ist. Und
zählen ist für mich ja sowas von pipifax. Kein Grund, es
irgendwie besonders zu finden. Von da an gehe ich regelmäßig zum Klavierunterricht. Mit sieben spiele ich vier-
händige Sonaten mit der Lehrerin. Sie fallen mir leicht.
In der Musik gehe ich auf. Wenn ich Noten sehe, höre ich
bereits, wie sie klingen. Ich male sie gerne auf die Straße
mit Steinen, die weiße Striche hinterlassen. Eines Abends,
ich war fünf Jahre alt und gerade in der Schule, nehme ich
einen Stein und male Notenschlüssel und Noten auf ein
parkendes Auto. Die Heckscheibe mit ihren Heizdrähten
bietet dafür die perfekten Notenlinien. Ich schreibe Noten,
Notenschlüssel und den Satz »Ali ist im Haus«, von dem
ich heute nicht mehr weiß, was er bedeutet. Am Abend
steht der Eigentümer des Wagens vor der Tür und will

Schadensersatz. Meine Großtante hält schützend die Hand über mich. Sie sagt zu meiner Mutter: »Frag das Kind erst, warum sie es gemacht hat. Wenn sie einen guten Grund dafür hat, bestrafe sie nicht.«

Das Klavier und das Klavierspiel wächst mir immer mehr ans Herz. So ist es kein Wunder, dass ich aus allen Wolken falle, als ich eines Tages nach Hause komme und das Instrument verschwunden ist. Ich bin im besten Teenager-Alter und kann es erst einmal gar nicht fassen. Wo ist denn mein Klavier? Auf dem braunen Teppichboden ist nur ein heller Abdruck zu sehen. Ich setze mich auf mein Bett und starre auf die leere Stelle. So langsam dämmert es mir, wo es sein könnte. Meine Mutter hat es verkauft! Wo, frage ich mich, stelle ich jetzt meine Bücher hin? Die hatte ich auf dem Klavier. Was ich aktuell in der Schule brauche, steht links. Was gerade nicht so wichtig ist, rechts. Nun sind sie auf dem Boden verteilt, ohne jede Regel. Ich sollte eigentlich darüber nachdenken, wie ich Klavier spielen soll ohne Klavier. Doch mir geht die Ordnung meiner Bücher nicht aus dem Kopf.

Als meine Mutter hereinkommt, sage ich: »Ich brauche das Klavier.«

Sie hört mir gar nicht zu. »Das Geld können wir brauchen«, sagt sie. Die Worte fallen ihr geradezu aus dem Mund. Sie schaut sich in meinem Zimmer um. »Du hast ja ohnehin nicht mehr geübt«, höre ich noch, dann ist sie schon wieder verschwunden. Ich blicke zu meinem Meerschweinchen in seinem Käfig auf dem Boden. Es bleibt stumm. Ich schaue hoch zu Michael Jackson.

»Ich brauche das Klavier«, sage ich.

»Du hast recht«, antwortet er. »Musik ist wichtig für dich.«

Ich weiß, dass er mir nicht geantwortet hat. Jeder Teenager weiß, dass sein Idol nie antwortet. Und doch empfinde ich Trost. Er versteht, was mir Musik bedeutet. Er weiß, dass ich traurig bin, weil sie ab heute ein wenig aus meinem Leben verschwindet. Er weiß auch, dass ich traurig bin, weil meine Mutter mich gar nicht erst über ihren Entschluss informiert hat. Wieder einmal schaffte sie Tatsachen. So war es auch, als sie kurz zuvor meine Lego-Steine verschenkte.

»Die brauchst du nicht mehr«, hieß es. »Dafür bist du zu alt.«

Woher wollte sie das wissen? Sie hatte mich doch gar nicht gefragt. Lego war das Einzige, was ich mit meinem Vater verbinde. Oft erinnere ich mich gerne zurück, wie ich mit ihm zusammen Lego gebaut habe. Ich stehe auf, gehe zum Fenster und schaue hinaus. Wo mein Klavier jetzt ist? Ob schon jemand anderes auf meinem Klavier spielt?

»Es ist nicht mehr dein Klavier.« Diese Stimme ist in meinem Kopf. Ich höre sie immer, wenn mich Traurigkeit überwältigen will, ich aber funktionieren muss.

»Vergiss das Klavier«, sagt die Stimme.

Da höre ich auch schon Silke rufen. »Kerstin! Ich habe Durst!«

Ich gehe in ihr Zimmer. Silke sitzt in ihrem Rollstuhl, ein Glas steht auf einem Tisch vor ihr. Es ist leer. Ich nehme es, gehe in die Küche, fülle es und bringe es zurück. Während ich es ihr reiche, nehme ich mir vor, das Klavier zu vergessen. Schließlich hat sie Recht. Ich habe wirklich nicht mehr geübt. So mache ich die Wahrheit meiner Mutter zu meiner – was mir so oft passieren wird.

Alle Erwachsenen in unserer Umgebung sagen, Nottuln, das ist echte Idylle, aber mit dem Wort kann ich wenig anfangen. Es ist schwierig zu schreiben. Ich schreibe fertig nicht mit f, sondern v. Ich bin vertig. Gibt schreibe ich giebt, weil man das i lange spricht. Ich habe eine ausgeprägte Lese-Rechtschreib-Schwäche, nach einem Test werde ich als Legasthenikerin eingestuft. Ich probiere das Wort aus und schreibe »Lägastäniger«. Es heißt, ich habe keine Wort-Bild-Erkennung, ich kann also nicht erkennen, welches Wort da steht. »Der Balken, der die linke mit der rechten Gehirnhälfte verbindet, funktioniert nicht so richtig«, sagt der Mann, der den Test macht. »Sehen Sie sich bloß ihr Schriftbild an.« Er wendet sich an meine Mutter. »Überhaupt nicht kontinuierlich. Typisch ist das für diese Art von ...«

Er stockt. Er sagt nicht Behinderung. Denn neben meiner Mutter sitzt Silke im Rollstuhl. Da sitzt die Behinderung. Legasthenie ist nichts im Vergleich dazu.

»Lesen findet nicht nur im Sprachzentrum des Gehirns statt, sondern auch im Rechenzentrum«, fährt der Mann fort. »Wussten Sie das? Wie ich gehört habe, ist Ihre Tochter ziemlich gut im Rechnen.«

Ziemlich gut ist eine Untertreibung. Mit fünf Jahren beherrschte ich das Einmaleins. Das hat mich in die Schule katapultiert. Trotz des Tests im Kindergarten, den ich zu übereifrig begann. Da gab uns die Erzieherin buntes Papier. Sie sagte, jetzt malt ihr alle einen Teddy-Bären. Dann nehmt ihr das Papier, reißt es auseinander und klebt den Teddy damit aus. Mit vielen bunten Schnipseln.

»Das gilt auch für dich, Kerstin. Was zum Kuckuck machst du da?« Ich habe schon mit der Aufgabe angefangen. Nein, ich bin bereits damit fertig. Ich habe flugs einen Kleiderschrank gemalt, rechteckig mit vier geraden Seiten. Dann habe ich ein rotes Rechteck und ein blaues

Rechteck aus dem Papier gerissen und links und rechts auf den Schrank geklebt. Fertig.

Die Erzieherin schüttelt den Kopf. »Das machen wir jetzt noch mal!«, sagt sie zu mir.

Ich habe eine Leseschwäche, aber keine Sprachschwäche. Es muss heißen, »das machst du jetzt nochmal«. Nicht »wir«. Ich beiße mir auf die Zunge.

Als meine Großtante von der Geschichte mit dem Schrank erfährt, feiert sie es als eine strategische Leistung.

»Das Kind hat die Aufgabe ökonomisch hervorragend gelöst«, sagt sie. »Es soll in die Schule.«

Meine Großtante ist Oberstudienrätin, und was sie sagt, wird gehört. Ich komme mit fünf Jahren in die Schule und bin eine der Jüngsten in der Klasse. Großtante Grete weiß von meiner Leseschwäche, aber sie kennt auch meine Selbstdisziplin und meinen Hang zur Perfektion. In ihrer Wohnung stehen regalweise Reader's Digest Bücher. Bin ich zu Besuch, drückt sie mir einige davon in die Hand. Sie hat mehrere Seiten mit Zeichen markiert.

»Ich habe mir das angeguckt«, sagt sie. »Und bin mir sicher, du kriegst es hin. Ich mache jetzt meinen Mittagsschlaf. Danach erzählst du mir, was in den Artikeln steht.«

Durch das Üben werde ich besser im Lesen, doch in der Schule nützt mir das wenig. Von Anfang an bin ich das Mädchen, das gehänselt wird. Ich trage altmodische Kleidung, meine Haare sehen schrecklich aus.

»Du musst künstlich sein«, sagt eines Tages ein Junge.

»Warum?«, frage ich.

»Weil du nicht behindert bist. Bei euch sind alle behindert.«

Ich gebe keine Antwort. Er setzt noch einen drauf. »Sicher bist du im Reagenzglas entstanden«, sagt er mit gehässiger Stimme.

Die anderen greifen das sofort auf. »Reagenz-Kind, Re-agenz-Kind«, schreien sie. Von da an habe ich meinen Spitznamen weg.

»Reagenz-Kind, weißt du was? Was deiner Schwester in den Beinen fehlt, fehlt dir im Kopf.«

Im Kindergarten habe ich meinen Malkittel gehasst, weil er von meiner Mutter nie gewaschen wurde und schmut-zig war. Jetzt hätte ich ihn gerne wieder angezogen und wäre dorthin zurückgekehrt, wo es mir nie gefallen hat. In der Schule gefällt es mir noch weniger. Dort bin ich das Reagenz-Kind.

Ach, Silke. Sie ist zwei Jahre jünger als ich. Wir zogen von Dortmund nach Havixbeck, und dann, als sie auf die Welt kam, nach Nottuln. Es heißt, das sei ein alter Begriff für Nusswald. Das kann man auch im Wappen erkennen, wo neben einem goldenen Schild drei gestielte Haselnüsse zu sehen sind. Das Schild hat mit der Verehrung des hei-ligen Sankt Martin zu tun. Die hat in Nottuln eine lange Tradition. Martin ist der, der in kalter Winternacht seinen Mantel teilte, um einen Bettler vor dem Erfrierungstod zu retten. In Nottuln wird also das Teilen verehrt. Um teilen zu können, muss man erst einmal was besitzen. Ich be-sitze nicht viel, denke ich, auch mein Klavier besitze ich nicht mehr. Es geht mir nicht aus dem Kopf, das Klavier, ich schaffe es einfach nicht. Ich besitze nur eine komische Familie. Die will keiner mit mir teilen.

Nottuln ist Idylle. Ich kann das Wort jetzt schreiben. Die Häuser sind aus Backstein und man kann draußen auf der Straße spielen. Bei uns um die Ecke ist ein großer Garagen-hof mit 16 Garagen. Das ist unser Bolzplatz. Wir bauen

Buden aus Sperrmüll. Die Nachbarskinder in meinem Alter hänseln mich nicht. Ich bin bei anderen Mädchen eingeladen, um dort zu spielen.

»Jetzt ist mal gut«, sagen die Eltern irgendwann. »Geht auch mal zu Kerstin.«

Oh nein! Da ist nicht möglich! Bei uns sieht es fürchterlich aus. Überall liegen Sachen herum und es ist schmutzig. Ich schäme mich und sage Nein. Ab diesem Zeitpunkt werde ich nicht mehr in die Häuser meiner Freundinnen eingeladen.

Und dann ist da ja auch noch diese lästige behinderte Schwester. Silke hat einen E-Rolli, den sie mit einem Joystick bewegt. Sie weiß genau, dass es verdammt wehtut, wenn sie dieses Ding mit 6 km/h gegen mein Schienbein steuert. Sie macht es mit Absicht. Ich würde ihr am liebsten eine scheuern, aber das darf ich nicht.

Alle reden nur von ihr. Stecken die Erwachsenen die Köpfe zusammen, höre ich Silke, Silke, Silke, Silke. Was stimmt nicht mit ihr, frage ich mich. Dass sie nicht laufen kann, dass sie behindert ist, das sehe ich gar nicht. Denn es ist für mich eine Selbstverständlichkeit, weil es schon immer so war.

»Silke ist krank«, flüstern sich die Erwachsenen zu, und ich denke, was soll das heißen? Hat sie Schnupfen? Läuft ihre Nase? Selbst wenn Silke in die Klinik muss, kann ich nicht sehen, was daran besonders sein soll – weil auch das schon immer so war. Was ich sehe, ist, dass man uns mit zweierlei Maß misst. Im Krankenhaus schmiert meine Mutter Silke ein Brot mit extra dick Butter. Darauf legt sie Scheibchen aus Bananen und auf jede kommt ein Gummibärchen. Ein grünes, ein rotes, ein gelbes, noch ein grünes

... sieht toll aus! Und wird garantiert unheimlich lecker schmecken!

»Kriege ich auch eines?«, frage ich.

Meine Mutter reagiert gar nicht. Eine Krankenschwester sieht mich traurig an. Dann nimmt sie ein Brot, legt eine Scheibe Käse darauf und drückt es mir in die Hand. Ich esse es. Aber nur der Schwester zuliebe.

Silke, ach Silke. Sie hat keine Haltemuskulatur am Rücken und muss ein Korsett tragen. Dazu hat man einen Gipsabdruck gemacht. Auch die Sitzschale in ihrem Rolli wurde auf diese Weise hergestellt. Ihre Füße sind ganz klein und spitz, ihre Hände sind die eines Babys. Da ist gar keine Muskulatur vorhanden. Sie kann sich nicht waschen und anziehen, das mache ich. Wenn ich sie hochhebe, jammert sie, aua, mein Kopf, meine Beine, meine Füße, das tut weh. Ein Arzt sagt, dass unsere Muskulatur auch unser Schutz ist, und dass Silke kaum welche hat ... ich soll also vorsichtig sein. Das bin ich, selbst wenn sie mich ärgert, aber manchmal bin ich es dann doch nicht, und da ist schon mal Absicht dabei. Silke kann nicht selbst essen, nur wenn der Tisch so eingestellt ist, dass ihre Arme in Höhe des Halses aufliegen. Dann kann sie eine Gabel zwischen Daumen und Zeigefinger halten und sich das Essen in den Mund schaufeln. Eine Zeit lang schafft sie es noch, ein Glas Milch mit beiden Händen hochzuheben, wenn es zu einem Viertel gefüllt ist. Fährt sie mir mal wieder ans Schienbein, mache ich es auch mal halb voll dann kriegt sie es nicht hoch. Aber sofort habe ich wieder ein schlechtes Gewissen. Das mit dem Hochheben klappt ohnehin nicht mehr. Jetzt braucht Silke einen Strohhalm zum Trinken. Essen kann sie nur noch ganz weiche Sachen.

Nudeln oder Ravioli oder eine Wurst, wenn man sie vorher klein schneidet. Sie kann ihr Wasser nicht halten, und Stuhlgang klappt nur einmal die Woche. Silke hat dafür einen speziellen Toilettenstuhl, der aussieht wie ein Thron. Manchmal braucht sie auch dort meine Hilfe. Außerdem wird sie immer dünner und schwächer. Irgendwann wiegt sie kaum mehr 30 Kilogramm.

Das ist der Muskelschwund, sagen die Erwachsenen. Ein Gen-Defekt, meint der Arzt. Noch kann Silke in die Schule. Jeden Morgen hält ein kleiner Bus vor dem Haus. Der fährt nach Münster, dort ist eine Förderschule für Kinder mit Körperbehinderungen. Silke ist super in der Schule. Lesen, Mathe, was auch immer, für sie ist das alles kein Problem. In ihrer Klasse ist sie Klassensprecherin.

Einmal sage ich zu meiner Mutter: »Ich wünsche mir, dass es Silke nicht gibt.«

Sie dreht sich zu mir und schlägt mir eine runter. Ich laufe in mein Zimmer und weine. Nicht wegen der Ohrfeige. Sondern, weil ich ein superschlechtes Gewissen habe. Ich wollte das nicht sagen, doch es ist mir rausgerutscht. Ich habe ständig ein schlechtes Gewissen. Ich halte das bald nicht mehr aus. Ich kann schon nicht mehr schlafen, ich kann kaum mehr was essen, weil ich dieses schlechte Gewissen habe.

Wenn abends im Fernsehen eine Sendung läuft, wartet Silke ab, bis meine Mutter und ich auf dem Sofa sitzen. Dann sagt sie: »Mama, ich habe Durst.«

»Kerstin, gehst du«, sagt meine Mutter nebenbei.

Ich springe nicht gleich auf. Ich motze. Ich sage, »oh nö«.

Sofort ist meine Mutter auf den Beinen. Ihr Ton ist scharf. »Bleib nur sitzen und überarbeite dich nicht. Ich mache das schon. Was willst du trinken, Silke?«

Mich fragt sie nicht, ob ich auch etwas trinken möchte. Mich fragt sie nie. Sie bringt sich und Silke etwas zu trinken, ich sitze auf dem Trockenen. Mit meinem schlechten Gewissen. Warum habe ich Silke nichts geholt? Warum sagte ich »oh nö«? Warum habe ich gestern den Geschirrspüler nicht ausgeräumt? Meine Mutter machte ihn auf, schaute mich tadelnd an, und griff hinein. Bei jeder Tasse, die sie in die Hand nahm, stöhnte sie, als müsse sie Gewichte stemmen. Bei den Töpfen ächzte sie. Ich ging in mein Zimmer und heulte wieder. Ich hörte, wie der Geschirrspüler zugeworfen wird. Ich hörte, wie Türen knallen. Mein schlechtes Gewissen war derart groß, dass es mich wie eine dunkle Wolke umfing. Ich hörte, wie Silke nach mir rief. Sie brauchte was. Ich wischte mir die Tränen ab und ging zu ihr.

Ich liebe meine Mutter. Ich bin 10 Jahre alt und man schickt Silke und mich für sechs Wochen nach Scheidegg. Meine Eltern trennen sich und ich habe schlimmes Heimweh. Ich ärgerte mich darüber, aber ich kann nichts tun. Ich kann nur noch an meine Eltern denken, die nicht mehr zusammen sein wollen. Immer wieder hat mir Mutter erzählt, wie mein Vater und sie sich kennengelernt haben. Im Sauerland war das, da hat sie im Alter von 20 Jahren ein freiwilliges soziales Jahr in einer Reha-Klinik gemacht. Ganz toll sei das gewesen. Bei meiner Mutter ist immer alles ganz toll, ganz groß, ganz besonders, ganz irre. Mein Vater sagt, das sind Luftschlösser, aber bei meiner Mutter klingt es echt. Nachbarn und Bekannte hängen an ihren Lippen. Die finden aufregend, dass bei meiner Mutter alles toll, groß, besonders und irre ist. Sie finden es aufregend, dass sie bei jeder Gelegenheit sagt: »Übrigens, ich stamme aus einer Chefarztfamilie.«

Mein Vater stammt aus keiner Chefarztfamilie. Außerdem hat er eine körperliche Behinderung. Er ist 17 Jahre alt und macht in der Reha-Klinik seine Ausbildung zum Orthopädiemechaniker. Meine Mutter bewundert er. Damals findet er es wie alle toll, was sie so von sich gibt. Es dauert nicht lange und sie heiraten.

Ein paar Jahre später sagt mir meine Mutter: »Dich mussten wir halt zeugen. Ansonsten wäre es einer Chefarzttochter nicht erlaubt worden, einen Behinderten zu heiraten.«

Als mein Vater noch bei uns ist, arbeitet er im Sanitätshaus. Morgens fährt er hin, abends kommt er heim. Manchmal kommt er später. Dann war er beim Kegeln und manchmal hat er zu viel getrunken und ich höre, wie er sich übergibt. Leute erzählen, dass man ihn mit anderen Frauen sieht. Ich glaube das nicht. Meine Eltern lieben sich. Sie hören gemeinsam Musik. Mein Vater hat einen Freund in Tansania, dorthin fahren sie gemeinsam, wo er dann in einem Projekt für Prothesenbau mitarbeitet.

Im Wohnzimmerschrank stehen schwere Bergkristall-Gläser. Obwohl es überhaupt nichts Verwerfliches ist, kann ich es nur sehr schwer aushalten, wenn er sich ein Glas herausholt und füllt. Meine Mutter trinkt kaum was. Ab und zu einen Likör, und sie mag Weinbrandbohnen. Ansonsten hält sie sich von Alkohol fern und prägt ein tiefes Meinungsbild in mir. Daran ändert sich nichts, als klar wird, dass sie nicht länger mit meinem Vater zusammen sein will. Er auch nicht mit ihr. Er zieht weg. Ich werde gefragt, bei wem ich leben will, und ich antworte, bei meiner Mutter. Was anderes zu sagen traue ich mich nicht. Meine Mutter nimmt das hin, als hätte sie nichts anderes erwartet. Sie hat noch immer große Pläne, auch daran ändert sich nichts. Sie will ein Buch schreiben. Sie will einen Verein gründen. Sie fängt tausend und eine Sache an und sie bringt nichts zu Ende. Wie gehabt lässt sie alles herumliegen, wie gehabt räume ich hinter ihr auf. Mein Leben bleibt dasselbe. Auch in den Ferien. Wir haben eigentlich kein Geld mehr dafür, aber meine Großtante lässt was springen. Immer wieder springt sie ein, nicht nur, als sie später meine Ausbildung finanziert. Sie liest mir vor und zeigt mir, wie man aus Streichkäse-Schachteln hübsche Puppenbadewannen bastelt. Wie man Erbsen aus den Schoten holt, wie man Schach spielt, das alles habe ich von ihr gelernt. Auch eine der wichtigsten Lektionen im Leben bringt sie mir bei:

»Kerstin«, sagt sie immer wieder. »Ehrlich währt am längsten.«

Sie lehrt mich, dass man mit der Wahrheit am weitesten kommt, und davon profitiere ich noch heute.

Wir verbringen den Urlaub in Holland in einem Ferienhaus am Ijsselmeer. Ich versorge Silke. Ich mache ihr Bett, ich wasche sie, ich pflege sie. Ich habe große Sorgen, wie es sein wird, wenn sie in die Pubertät kommt. Wenn es ihr wie mir geht und sie ihre Periode kriegt. Ich bin jetzt 15 Jahre alt und ich weiß, dass es nicht leicht ist. Wer wird ihr helfen? Dumme Frage, ich natürlich.

Alles ist wie immer. Nein, etwas ist anders. Silke kann nicht zum Schwimmen gehen. Ich schon, ich darf sogar den Tauchschein machen. Ich tauche mit Flasche und Bleigurt ab. Ich tauche in eine Welt ohne Silke. Am liebsten würde ich nicht mehr auftauchen.

Meine Mutter hat etwas auf dem Herzen. Sie nimmt mich zur Seite.

»Du darfst Silke niemals sagen, dass sie sterben wird«, raunt sie mir zu. Ich erschrecke und weiß nicht, was ich darauf antworten soll.

»Sie will Kinderkrankenschwester oder Kindergärtnerin werden«, sagt meine Mutter. »Dazu wird es nie kommen. Vorher wird sie sterben. Das darfst du ihr auf keinen Fall sagen. Hörst du? Auf gar keinen Fall!«

Von nun an denke ich jeden Tag an nichts anderes, als dass Silke bald sterben wird, sie es aber nicht wissen darf. Kein Wort darf ich darüber verlieren. Mein schlechtes Gewissen ist jetzt so groß, dass ich glaube, daran zu ersticken.

SILKE UND KERSTIN

Mut ist mehr als ein Gedanke
Mut ist, wenn die Schranke im Kopf zerbricht
Alexa Feser, Mut

Meine Mutter hat einen neuen Mann, mein Vater eine neue
Frau. Sie ist das Gegenteil von meiner Mutter, bei ihr kann
man vom Fußboden essen, so sauber ist alles. Nach langer
Zeit, in der immer alles gleich blieb, kommt Bewegung in
mein Leben.

Das hat wenig damit zu tun, dass meine Eltern sich getrennt haben. Es hat mit Silke und mir zu tun.

Der Prozess unserer Annäherung beginnt schleichend.
Am Tiefpunkt unserer Beziehung habe ich mir gewünscht,
sie wäre tot. Doch dann kommt der Tag der Tage. Wieder
sitze ich bei Silke im Zimmer. Ich habe ihr Bett neu bezo-
gen. Mit meinen 15 Jahren mache ich das ganz routiniert.
Ich streiche die letzten Falten glatt und setze mich darauf.
Silke spielt mit ihrem Nintendo. Sie hat einen, ich nicht.
Sie lässt ihn in den Schoß fallen.

»Ich weiß, dass ich niemals Krankenschwester werden
kann«, sagt sie.

Auf einmal ist es im Zimmer mucksmäuschenstill. Nur
eine Fliege ist zu hören, die gegen die Scheibe des Fensters
stößt.

Wieder.

Und wieder.

Und wieder.

»Warum, das ist doch Quatsch!« Meine Stimme ist heiser.

»Ist es nicht«, sagt Silke. »Weil ich vorher sterben werde.«
Wieder schlägt die Fliege gegen die Scheibe. Sie kann
nicht verstehen, warum es nicht weitergeht, denke ich. Sie
wird es probieren, bis sie tot ist.

Silkes Hand liegt auf dem Joystick ihres Rollstuhls. Sie
berührt ihn. Der Rollstuhl wendet. Sie kann mich jetzt an-
sehen. Ihre Augen ruhen auf mir.

»Du musst mir etwas versprechen«, sagt sie. »Du darfst
das Mama nicht sagen. Hörst du? Sie glaubt daran, dass
ich es schaffe.«

Als ich am Abend im Bett liege, kann ich nicht einschlafen. So ist das oft, aber heute ist es anders. Nicht das
schlechte Gewissen hält mich wach, sondern ein Gedanke:
Meine Schwester und meine Mutter schützen sich gegenseitig. Während meiner Mutter das vielleicht gar nicht bewusst
ist, hat es Silke klar auf dem Schirm.

Unser Gespräch hat noch lange gedauert. Ihre Behinderung ist kein Einzelfall. Viele ihrer Klassenkameraden sind
bereits gestorben. Sie weiß genau, von was sie spricht.

Was für ein weiser Mensch Silke ist, denke ich. Und dann
kann ich auf einmal einschlafen.

Von diesem Tag an ist unser Verhältnis wie verwandelt.
Ich sehe vieles in einem ganz neuen Licht. Wenn Silke Geburtstag hatte, bekam sie natürlich Geschenke. Wenn ich
Geburtstag hatte, bekam sie aber auch welche. Daher ist
mein Geburtstag nur ein weiterer Tag in meinem Leben, an
dem ich mich in die zweite Reihe zurückversetzt fühle. Jetzt
wird mir klar: Silke hat nicht darum gebeten, bevorzugt zu

werden. Die Menschen um sie herum haben es von sich aus gemacht. Was hätte sie denn tun sollen? Etwa sagen: »Hört mal Leute, nehmt diese Geschenke mal schön wieder mit«? Das ist ein bisschen viel erwartet. Vielmehr hätten meine Eltern darauf kommen müssen, dass niemand etwas davon hat, wenn das eine Kind immer bevorzugt wird und das andere stets benachteiligt. Silke ist von sich aus viel weniger Tyrann und verwöhnte Göre, als ich es empfinde. Sie wurde von ihrer Umgebung dazu gemacht.

Auf einmal beginnen wir, über unsere Probleme zu sprechen. Alles kommt auf den Tisch.

»Mit dir geht immer alles so langsam«, sage ich. »6 km/h ist viel zu lahmarschig, es sei denn, du fährst mir gegen die Beine.«

Wir können plötzlich miteinander lachen. Silke erklärt mir, dass sie mit 6 km/h durchaus zufrieden ist. Gar nicht zufrieden ist sie, dass sie noch nichts von der Welt gesehen hat, dass ihr die Behinderung so viel vorenthält. Das rüttelt mich auf. Mensch, Kerstin, denke ich mir, das lässt sich doch ändern. Ich verspreche Silke, ihr die Welt zu zeigen, so gut wir beide es hinkriegen.

Über diesen Tagen hängt kein Schild mit dem Titel »Zwei Schwestern schmieden ein Bündnis«. Aber so fühlt sich das an. Und so sieht es auch meine Mutter. Die hat eine Antenne dafür, wenn der Wind dreht. Es dauert nicht lange und sie sagt: »Ihr beide seid mir unheimlich. Ich höre euch nicht mehr streiten. Es knallen keine Türen mehr. Was passiert da?«

Es passiert vor allem, dass meine Mutter meine Schwester nicht mehr instrumentalisieren kann, um selbst als Heldin dazustehen. Es passiert, dass ich von diesem Tag an, wann immer es geht, mit Silke zusammen bin. Nicht, weil ich muss. Sondern weil ich will. Weil wir beide wollen.

Bei einer Gelegenheit frage ich sie: »Sag mal, willst du eigentlich nicht laufen können?«

»Gar nicht«, antwortet Silke. »Ich weiß ja gar nicht, wie ihr die Kurven dreht.«

Sie hat Witz, meine Schwester, und auf einmal schimmert er bei jeder Gelegenheit durch.

Keinen Spaß versteht sie, wenn es auf der Straße zu Zwischenfällen kommt. Wenn kleine Jungs sie anstarren und deren Mutter laut sagt: »Schaut da nicht hin, dieses Mädchen ist krank!«

Dann höre ich Silke ausrufen: »Doch schaut hin, schaut gerne hin, denn das ist normal. Nicht die neugierigen Kinder sind komisch, sondern die verbietenden Erwachsenen. Verstanden!«

Silke wird meine Lehrmeisterin. Durch sie lerne ich: Nicht der Behinderte ist behindert. Sondern die, die ihn ausgrenzen.

Die neu gewonnene Freundschaft mit meiner Schwester sorgt dafür, dass mir mehr denn je bewusst wird: Es ist an der Zeit, mich von meiner Mutter zu lösen. Ich bin 16 Jahre alt und kenne sie nur als die Frau, die den Daumen draufhält. Als die Frau, die manipuliert, wie es ihr gerade in den Sinn kommt. Als die Frau, die zwischen Wahrheit und Lüge nicht unterscheiden kann und will. Als die Frau, die es geschafft hat, dass ich am schlechten Gewissen fast erstickt bin. Ich kenne sie aber auch als Frau, die es einfach nicht besser hingekriegt hat. Ich kenne sie als Frau, die meine Mutter ist und die ich deshalb liebe, die kämpfen kann wie eine Löwin und eine wunderbare Köchin ist. Zwei Herzen schlagen in meiner Brust und deshalb muss ich jetzt zu mir selbst finden. Ich habe die Schule abgeschlossen, ich will eine Ausbildung als Ergotherapeutin beginnen. Auch da macht meine Mutter ihren Einfluss geltend:

»Die fehlen vorne und hinten«, meint sie, »Silke könnte dringend eine gebrauchen.«

Ein freiwilliges soziales Jahr schwebt mir vor. Ich habe Pläne und kann es gar nicht erwarten, sie in die Tat umzusetzen. Auch Silke ist Teil dieser Pläne: Ich will ihr noch mehr von der Welt zeigen. Bald finde ich eine Unterkunft in einer Dreier-WG in einer Wohnung der Diakonie. Meine erste Mahlzeit, die ich mir dort zubereite, zeigt, dass ich noch lange nicht mit der Vergangenheit abgeschlossen habe. Ich schmiere mir ein schönes Stück Brot dick mit Butter. Ich schneide eine Banane in kleine Stücke und drapiere sie darauf. Auf jede Scheibe lege ich feinsäuberlich ein Gummibärchen. Ein grünes, ein rotes, ein gelbes, noch ein grünes ... es sieht toll aus! Ich beiße mit Genuss hinein, und in der Tat: Es schmeckt so lecker, wie ich es immer gedacht habe!

Vor einigen Jahren sorgte der Film »Ziemlich beste Freunde« für Furore. Darin wird die Freundschaft eines querschnittsgelähmten Mannes mit seinem reichlich ungewöhnlichen Pflegehelfer erzählt. Natürlich war auch ich im Kino und habe mich von der Geschichte mitreißen lassen. Doch da war noch mehr: Als das Licht anging und die Besucher das Kino längst verlassen hatten, saß ich immer noch da, voller Erinnerungen.

»Genauso war es bei Silke und mir«, murmelte ich. »Ziemlich beste Freundinnen.«

Wer hätte Jahre zuvor gedacht, dass es so kommen wird? Doch das Leben nimmt eine schöne Wendung: Aus Silke und mir werden gute Freundinnen, ziemlich beste Freundinnen, allerbeste Freundinnen! Drei Jahre lang ist es uns vergönnt, *good vibes* zu spüren – bei allen möglichen Dingen, die wir zusammen aushecken.

Wann immer es möglich ist, fahre ich nach Hause und packe Silkes Siebensachen in eine große Tasche. Ohne es zu ahnen übe ich damals schon, was heute bei mir Alltag ist, wenn ich mit den Kindern einen Ausflug unternehme: In meinem Kopf rattert eine Checkliste herunter, auf der ich abhake, was ein Mensch mit vier Rädern unterm Hintern unterwegs so alles braucht oder, noch wichtiger, worauf er im Notfall dringend angewiesen ist. Dann machen Silke und ich uns auf den Weg zum Bahnhof. Auch wenn die Zeiten immer besser werden, muss ich trotzdem auch heute immer wieder feststellen: Erst, wenn man selbst mit einem behinderten Menschen unterwegs ist findet man heraus, wie behinderten-unfreundlich unsere Umgebung ist. Die Welt wird sehr schnell sehr klein, wenn man mit einem Rollstuhl unterwegs ist. Jeder Rolli-Fahrer ärgert sich über die hohen Bordsteinkanten und Treppen, die für ihn das Ende seines Wegs bedeuten. Über zu enge Aufzüge und Bank-Automaten, die unerreichbar sind. Über Türen, die sich nicht öffnen lassen, und unbenutzbare Toiletten. Diese Aufzählung könnte den Rest des Buches füllen. Und gleich für ein weiteres Buch sorgen, wenn Unterwegssein eine Reise im Zug erfordert.

»Ist uns auch unangenehm, aber leider haben wir keinen Hublift am Bahnhof. Sorry, es gibt keinen Rollstuhlplatz im Zug. Tja, die Aufzüge sind leider kaputt, und das schon seit Wochen.«

Seit meinen ersten Unternehmungen mit Silke begleiten mich diese Worte, wenn es darum geht, mit dem Zug zu fahren. Meine Schwester und mich kann allerdings nichts und niemand davon abhalten, am Ziel anzukommen, auch wenn wir viel länger brauchen als andere. Bei mir zu Hause arrangieren wir uns in meinem WG-Zimmer. Silke schläft bei mir im Bett. Ich besorge ihr neue Kleider, die ein Mädchen aus einer benachbarten Wohngruppe nicht mehr benötigt. Noch nie habe ich meine Schwester so stolz gesehen!

»Schick, schick«, sagt sie immer wieder und dreht den Rollstuhl hin und her, während ich einen Spiegel vor sie halte. »Also, was wollen wir machen?«

Sie ist voller Tatendrang. Ich bin es auch. »Wie wäre es mit Kino?«, frage ich.

Klingt ja nicht gerade außergewöhnlich, dieser Satz, aber für Silke ist er das. Sie hat noch nie ein Kino von innen gesehen, geschweige denn, einen Kinofilm. Sie wird ganz aufgeregt.

»Meinst du wirklich? Schaffen wir das?«

Viele Jahre später soll unsere Bundeskanzlerin mit diesem Satz eine Menge Ärger bekommen. Ich spreche ihn im selben Brustton der Überzeugung aus wie sie: »Ja. Wir schaffen das!«

Diese Aussage begleitet mich seit ich denken kann. »Wir schaffen das« heißt für mich aber nicht: Das klappt jetzt alles von ganz allein. Sondern es bedeutet: Ich muss viele Schwierigkeiten überwinden, eine Menge Probleme lösen und mich dabei richtig anstrengen. Dann, und erst dann, ist alles zu schaffen. Daran glaube ich unerschütterlich – und gebe diesen Glauben auch an andere weiter. Als ich ein paar Jahre später beginnen werde, selbst Ergotherapeuten auszubilden, rede ich nie lange um den heißen Brei herum, sondern schubse sie sofort ins kalte Wasser: Sie müssen sich in einen Rollstuhl setzen und einen ganzen Tag lang durch den Alltag kommen – aufstehen und die vermaledeite verschlossene Tür mit der hohen Klinke zu öffnen ist verboten! Sie bekommen von mir Sonnenbrillen; die Augen darunter verschließen wir zusätzlich mit Klappen. Auf diese Weise erleben sie völlige Blindheit. Ich schleppe Gipsrollen an und gipse ihre Arme ein.

»Okay«, sage ich. »Wenn ihr jetzt zur Toilette müsst, wisst ihr, wie es einem Menschen mit Muskelschwund ergeht.«

Auch damals bin ich voller Optimismus. Ich will Silke den ersten Kino-Besuch ihres Lebens ermöglichen. Daher sage ich zu ihr: »Wir schaffen das!« Doch unterwegs heißt es erst mal, Barrieren aus dem Weg zu räumen.

Die Barrieren beginnen mit Silkes Rollstuhl selbst. Mit ihrem Elektrorollstuhl kann sie sich selbst bewegen. Der ist aber zu schwer, um ihn unterwegs zu benutzen. Dazu brauchen wir einen Faltrollstuhl, den Silke treffend »Schiebe-Rolli« nennt. Ihre Armmuskeln sind viel zu schwach, um seine Räder selbst anzutreiben. Also braucht sie eine Schiebehilfe, sonst bleibt sie hilflos an Ort und Stelle stehen. Ich bin diese Schiebehilfe – und ich bin gut darin! Doch was passiert, wenn da plötzlich Treppen auftauchen? Wie bringe ich Silke aus dem Rollstuhl in den Omnibus rein und auch wieder raus? Wie überwinde ich im Kino die Stufen, die in den Saal führen? Wie kommt meine Schwester zur Toilette – und drinnen in die viel zu engen Kabinen? Das meine ich, wenn ich davon spreche, dass es Schwierigkeiten zu überwinden gibt. Das Schöne daran ist, dass man daran wächst. Jedes gelöste Problem, jede überwundene Barriere schafft neue Zuversicht. Und nichts ist schöner auf der Welt, wie die pure Freude eines geliebten Menschen zu spüren, der gerade ein kleines Wunder erlebt.

Das passiert mir gerade! Wir haben es ins Kino geschafft. Silke sitzt neben mir und strahlt vor Glück. Ein Gong ertönt, die Lichter gehen aus, und es kommt ein Film, der Werbung für Eiscreme macht. Niemand im Kino freut sich so darüber wie Silke. Kein Wunder, sie hat noch nie einen Film auf einer so riesigen Leinwand gesehen.

»War das schön«, seufzt sie, als der Werbeblock zu Ende ist und die Lichter im Saal nochmals angehen. »Vielen, vielen Dank, dass du mich mitgenommen hast.«

Erst bin ich verblüfft, dann fällt bei mir der Groschen. Sie glaubt tatsächlich, der Kinoabend sei bereits zu Ende! Meine Schwester denkt, das war's, wäre schon zufrieden damit!

»Silke!«, sage ich. »Der Film fängt doch erst an!«

Sie wendet mir den Kopf zu, und braucht dazu einige Anstrengung. »Ehrlich? Da kommt noch was?«

»Na klar! Kevin Costner und Sean Connery!« Ich will sie ein bisschen hochnehmen. »Wir können allerdings auch gehen, wenn du die beiden nicht sehen willst!«

Natürlich sind wir geblieben, ohne zu ahnen, dass »Robin Hood – König der Diebe« der erste und einzige Kinofilm in Silkes Leben sein wird.

Danach erleben wir weitere Abenteuer. »Lass uns ins Phantasialand gehen«, schlage ich eines Tages vor.

»Ich kann nicht gehen«, erwidert Silke, und wir lachen beide. »Du musst mich schon schieben.«

»Mach ich! Und dann steck ich dich in jedes Karussell, bis dir schwindelig wird!«

Seit wir unsere Freundschaft entdeckt haben, können wir uns necken, ohne uns gram zu sein – ganz so, wie ich es später in »Ziemlich beste Freunde« im Kino sehen werde. Das ist ein schönes Gefühl, das uns noch enger miteinander verbindet.

Das Phantasialand in Brühl in der Nähe von Köln ist ein Freizeitpark mit allen Attraktionen, die man sich nur vorstellen kann. Ich liebe solche Orte – und weiß, dass viele behinderte Menschen diese Freude nicht teilen dürfen. Erst kürzlich hat ein Mann, der als Opfer des Contergan-Skandals schwere Behinderungen hat, gerichtlich erstritten, dass er Achterbahnen im Freizeitpark Europa-Park nutzen darf. Vier Jahre zog sich der Rechtsstreit hin, aber es hat sich gelohnt: Ein körperliches Handicap darf kein Ausschlusskriterium sein, urteilen die Richter, wenn man durch Nachrüsten für Stabilität beim Sitzen sorgen kann. Und das ist überhaupt keine Sache, weist ein Gutachten nach. Ein ausgezeichnetes Beispiel für mich, um darauf hinzuweisen, dass das Sätzchen »es geht halt nicht« bei mir stets ein energisches »geht nicht, gibt's nicht!« hervorruft. Wie bitte? Wir schicken eine Raumsonde zum Mars? Dann wird es ja wohl möglich sein, mit ein wenig technischem Geschick dafür zu sorgen, dass alle Menschen im Freizeitpark Spaß haben können.

Als Silke und ich das Phantasialand besuchen, frage ich nicht nach, ob wir etwas dürfen oder nicht. Offenbar wirke ich entschlossen genug, dass uns keiner davon abhält, dieses und jenes Karussell zu probieren. Es ist Silke, die immer wieder jammert, »aua, aua, pass gefälligst auf meine Füße auf!«, und es bin ich, die dagegenhält, »stell dich nicht so an, hör auf zu nerven!«.

Ziemlich beste Freundinnen eben – wer den Film gesehen hat, wird sich gut an solche Situationen erinnern.

Weil ich mich 1992 im Alter von 16 Jahren für ein freiwilliges soziales Jahr entschieden habe, lebe ich mittlerweile in Volmarstein, knapp 100 Kilometer von Nottuln entfernt. In diesem Ort engagiert sich die Evangelische Stiftung seit ihrer Gründung im Jahr 1904, als in Deutschland überall die konfessionelle Körperbehindertenfürsorge entstand. Damals wurden viele Einrichtungen gegründet, und Volmarstein war eine davon. Zunächst gab es ein Kranken- und Alterspflegeheim sowie ein Invaliden- und Genesungsheim für Arbeiter und eine Kleinkinderschule. Zu der Zeit, als ich in Volmarstein zu arbeiten anfange, gibt es medizinische und pflegerische Behandlung aller Art. Dazu kommen schulische und berufliche Rehabilitationsmaßnahmen und technologische Forschung im Bereich der Behindertenhilfe. Auf meinen ersten Streifzügen durch die Anlage, die schon selbst eine kleine Stadt ist, entdecke ich das Wohnheim für Kinder und Jugendliche, das Berufsbildungswerk, eine Werkstatt für Menschen mit Behinderung, eine orthopädische Klinik, die technische Orthopädie, verschiedene Erwachsenenwohnheime, ein Seniorenheim und einen Kindergarten. Ich bin mir jetzt schon sicher, dass ich mich an diesem Ort wohlfühlen werde – zumal sich genau hier auch meine Eltern kennen- und lieben gelernt hatten!

Weil ich 16 Jahre alt bin, muss mein Job aus Jugendschutzgründen etwas anders geplant werden: Nach 20 Uhr darf ich nicht arbeiten. Ich bekomme ein Zimmer in einer Wohngemeinschaft mit zwei weiteren Freiwilligen, mit denen ich mich sofort bestens verstehe. Ich hänge meine Poster an die Wand, verteile meine Gläser auf der Fensterbank, breite eine kleine Tischdecke über eine umgedrehte Apfelsinenkiste und stelle meine Stereoanlage darauf. Schon bin ich eingerichtet. Die Freiheit, die ich empfinde, ist kaum in Worten auszudrücken.

Ich soll im Wohnheim für Kinder mit den verschiedensten Einschränkungen arbeiten und kann es kaum erwarten, dass es losgeht!

»Du bist in der Blauen Gruppe«, erfahre ich an meinem ersten Tag. In der Wohngruppe, für die ich zuständig bin, leben zehn Kinder im Alter zwischen zwei und 18 Jahren. Weil die Eingangstür blau gestrichen ist, wurde sie kurzerhand Blaue Gruppe genannt. Mir gefällt das, weil ich blau mag. Drinnen orientiere ich mich erst einmal: Es gibt drei große Schlafräume, zwei geräumige Bäder, ein Esszimmer, ein Wohnzimmer, eine Küche und ein Büro. Als Erstes tue ich das, was ich heutzutage meist auf die Zeit rund um Mitternacht verlege: ich wasche eine Unmenge Wäsche, trockne, bügle und räume auf. Doch dabei bleibt es nicht. Zu meinem Job gehört es, mich um die Kinder zu kümmern. Darunter kann natürlich alles fallen.

Da ist zum Beispiel Markus. Er gehört schon zu den älteren Jungs mit seinen 14 Jahren. Markus hat eine ausgeprägte Spastik und ist trotzdem eine richtig coole Socke mit immer dem richtigen Spruch auf Lager. Keiner, der über ein ungerechtes Schicksal jammert. Er geht jeden Tag mit frischem Elan an, obwohl für ihn alle Bewegungen sehr schwierig sind. Sein Kumpel Yücel ist Türke und durch eine Kinderlähmung körperlich stark beeinträchtigt.

Es gibt Eintopf, den mögen alle. Markus isst mit einem speziellen Löffel, der im 90°-Winkel gebogen ist. Dadurch fällt es ihm leichter, den Löffel zum Mund zu führen – anstrengend ist es trotzdem. Yücel rollt leise von hinten an und haut Markus im selben Augenblick auf die Schulter, als der Löffel fast im Mund ist. Mit großem Geschrei fliegen Löffel und Eintopf durch die Gegend. Was Markus zu sagen hat, kann ich hier nicht wiederholen, und natürlich gibt Yücel eifrig Kontra. Ich hole einen Aufstellspiegel und stelle ihn vor Markus auf den Tisch. Von jetzt an kann er sehen, wenn Yücel wieder was im Schilde führt.

»Vergiss es, Alter«, sagt er dann. »Da musst du früher aufstehen!«

Während ich das fröhliche Treiben betrachte, schießt mir ein Gedanke durch den Kopf, der Jahre später meinem Leben einen ganz neuen Impuls geben wird. Schreibe ich jetzt darüber, wird mir sogar klar, dass ich ohne diese Jungs niemals in diesem Leben, das ich jetzt führe, gelandet wäre. Mit anderen Worten: Ich wäre nicht die Mama Held, die ich heute bin.

»Warum haben diese Jungs eigentlich so wenige Möglichkeiten, sich so richtig auszutoben?«

Das ist es, was mir durch den Kopf geht. Die Jungs stecken in der Pubertät und haben jede Menge Energie loszuwerden. Dazu kommt es selten.

»Ich sollte Freizeiten für behinderte Menschen organisieren«, sage ich zu mir selbst. »Das wär's doch!«

Genauso, wie es alle möglichen Jugendgruppen machen, Sportvereine oder Pfadfinder. Für Menschen mit Behinderungen gibt es das zu dieser Zeit fast gar nicht. Natürlich bin ich noch nicht so weit, meine Idee sofort in die Tat umzusetzen. Ich muss dafür noch viel lernen.

Ganz besonders angetan hat es mir ein kleiner fünfjähriger Junge. Sascha ist bildhübsch und ein echter Charmeur. Außerdem hat er eine schwere Tetraspastik, bei der sowohl die Beine als auch die Arme gelähmt sind. Eine Lautsprache ist für ihn unmöglich. Stattdessen hat er eine Mimik entwickelt, die mich geradezu überwältigt. Seine Eltern, zu denen ich schon bald einen guten Draht entwickle, können ihn nur selten besuchen. Es ist schwer zu sagen, wie das kommt, aber ich merke, wie ich mehr und mehr meiner Arbeitszeit für Sascha abknapse. Reicht die nicht aus, kümmere ich mich auch gerne in meiner Freizeit um ihn. Dass er Pizza liebt, ist in der Wohngemeinschaft längst kein Geheimnis mehr. Hole ich eine beim Italiener, schafft er die Hälfte. Machen wir eine Tiefkühlpizza im Backofen warm, verdrückt er eine ganze! Nun ist das bei einem Tetraspastiker nicht so, wie wenn wir eine Pizza essen. Für Sascha bedeutet der Verzehr eine echte Anstrengung, bei der schon mal eine Stunde draufgehen kann. Danach ist er von oben bis unten nass geschwitzt – und rundum glücklich!

»Wie geht es meinem Kügelchen denn jetzt?«, frage ich ihn, weil sein Bäuchlein einer kleinen Kugel ähnelt, nachdem er die Pizza vernichtet hat.

Unsere gegenseitige Zuneigung wächst von Tag zu Tag – und von Tag zu Tag frage ich mich, was passieren wird, wenn mein soziales Jahr zu Ende gehen wird. Irgendwann kann ich mir gar nicht mehr vorstellen, dass Sascha und ich getrennt sein sollen. Unsere Bindung ist eng, sein Vertrauen in mich ist riesig. Ich wecke sein Potenzial, Neues zu lernen, und was ich ihm gebe, gibt er mir in zehnfacher Weise zurück.

Kommen Saschas Eltern zu Besuch, haben sie immer Maike mit dabei. Sie ist noch ein Baby, und im Gegensatz zu Sascha kerngesund. Am liebsten erkundet sie den Rollstuhl ihres Bruders. Wir beobachten, wie sie neugierig mit ihren kleinen Händen alles untersucht.

»Was für ein Goldschatz«, entfährt es mir bei einer Gelegenheit.

Kann ich ahnen, dass sich die Lebenswege von Sascha, Maike und mir wieder kreuzen werden? Was wäre, wenn wir in die Zukunft schauen könnten? In meinem Fall kann ich nur sagen: Ob ich die fröhliche Unbefangenheit, mit der ich diese beiden Kinder in mein Herz schloss, dann auch hätte an den Tag legen können, weiß ich nicht. Sicher ist es gut so, wie es ist. Die meisten der Kinder, die ich betreue, leben völlig in der Gegenwart. Es sind wir, die scheinbar Nichtbehinderten und vermeintlich Gesunden, die sich dauernd um ihre Vergangenheit grämen, sich Sorgen um die Zukunft machen – und mitunter viel Geld in Therapien und bei Gurus ausgeben, um einmal dieses Glück zu erfahren, die pure Gegenwart zu spüren.

Meine Kinder lehren mich das – und das tun sie auch schon damals: Oft gibt es so viel zu tun, dass ich gar keine Zeit habe, um über Vergangenes oder Zukünftiges nachzudenken. An vielen Morgen bin ich mit einer Aushilfskraft alleine dafür zuständig, unsere zehn Bewohner für den Kindergarten oder die Schule fertig zu machen. In dieser Zeit lerne ich, effizient zu sein, was mir heute noch im Alltag eine große Hilfe ist. Wenn dann alle aus dem Haus sind, ist es so, wie ich es als Mama Held noch immer kenne: Es bleibt keine Zeit, um mal ein bisschen durchzuatmen. Welche Mutter kennt das nicht? Bei uns heißt es jetzt, Betten frisch beziehen, sich um die Wäsche kümmern, den Kühlschrank und die Vorräte inspizieren, Einkaufslisten erstellen, und vieles mehr. Hat schon jemand das Frühstückzeugs abgeräumt? Ehe ich mich versehe, ist schon wieder Mittag. Kindergartenkinder wollen abgeholt und das Mittagessen zubereitet werden, bei dem auf einmal ein paar hungrige Mäuler mehr um den Tisch sitzen, weil sich in einer anderen Gruppe ein Notfall aufgetan hat. Nach dem Essen muss das Geschirr warten, bis die Kleinsten endlich schlafen, während die Schüler schon wieder Richtung Schule geschickt werden sollen. Da gilt es übrigens noch Termine zu regeln, werde ich erinnert, und welcher Besuch von welchen Eltern steht heute an? Haben wir auch alles dafür vorbereitet? Zeitgleich – wenn so etwas wie zeitgleich in unserem Beruf überhaupt möglich ist – beginnt die Pflege der Kinder, die nicht in der Schule sind. Bei dem normalen Umtrieb des Alltags dürfen wir nicht vergessen, dass alle unsere Schützlinge besondere Pflege und Zuwendung brauchen. Zeitgleich – da ist es ja schon wieder, dieses Wort – sollte sich irgendjemand ums Abendessen kümmern.

»Kerstin, kannst du das tun?«

Ich höre mich mit »Ja« antworten, obwohl ich eigentlich gleich Feierabend habe.

Tatsächlich bringe ich viel mehr Wissen mit als die meisten anderen Praktikanten. Es geht nicht nur darum, dass ich weiß, wie man einen pflegebedürftigen Menschen versorgt. Sondern auch, wie man sich völlig normal verhält. Das ist etwas, das mich heute sehr umtreibt: Wir verhalten uns behinderten Menschen gegenüber nicht normal. Wir betüteln, wo es nichts zu betüteln gibt, und wir stufen sie dadurch herab, ohne es wirklich zu wollen. Davon spreche ich in Talkshows und Podiumsdiskussionen immer wieder – was einige meiner Zeitgenossen für ziemlich provokant halten.

Doch noch bin ich bloß eine Praktikantin in der Evangelischen Stiftung Volmarstein, die alle Hände voll zu tun hat und jeden Tag Neues dazulernt. Dazu gehören auch Erfahrungen mit behinderten Menschen, die ich bisher noch nicht gemacht habe. Wie gehe ich mit schwer berechenbaren geistig eingeschränkten Menschen um? Was tue ich, wenn diese ein hohes Gewaltpotenzial an den Tag legen oder stark sexualisiertes Verhalten? Später, während meiner Ausbildung zur Ergotherapeutin, werde ich deshalb auch in geschlossenen Abteilungen arbeiten. Dort lerne ich, was zu tun ist, wenn ich durch einen plötzlichen Angriff zu Boden gehe oder mit einem Notfall-Piepser um Hilfe rufen muss. Ich finde heraus, dass darin nicht meine Kernkompetenz liegt. Man muss nicht alles mögen, und man muss nicht alles können. Ich bin viel lieber für Menschen wie Markus, Yücel und Sascha da.

Zehn Kinder und Jugendliche in einer Wohngruppe – jeder kann sich vorstellen, wie lebhaft es bei uns zugeht. Sprechen mich Menschen darauf an, dass ich ein gutes Stimmorgan habe – man sagt, dass man mich durch alle Wände hindurch hört –, dann habe ich diese Stimme in Volmarstein zum ersten Mal trainiert. Allerdings bin ich nicht nur zu hören, wenn ich einen Schrei loslasse, um dem pubertierenden Teenager klarzumachen, dass gerade Ende Gelände angesagt ist. Auch mein Lachen kennt diese Durchschlagskraft! Eines meiner Geheimnisse, um mit allen Menschen gut auszukommen, ist mein herzliches Lachen, das aus der Mitte meines Körpers kommt. Damit schaffe ich jede Art von Missstimmung aus der Welt. Dieses Lachen hilft auch, wenn es darum geht, dass bei Mama Held am Abend alle in guter Stimmung zu Bett gehen. Vielleicht kam gerade noch Ärger auf? Füßestampfen und Geschrei »ich will aber nicht ins Bett, Mama!«, gibt es schließlich auch bei mir. Werde ich dann etwas lauter und energischer, hebe ich die Spannung danach mit einem Lachen wieder auf. Dann mache ich ein paar Späße und sage etwas Lustiges. Dass Lachen die beste Medizin ist, ist eine alte Weisheit. Ich kann ihr nur zustimmen!

Wann immer es geht, nehme ich Silke mit nach Volmarstein. Dort blüht sie auf. Zum ersten Mal erlebt sie soziales

Miteinander. In unserer Familie war das nicht der Fall. Dadurch, dass meine Mutter sie an erste Stelle rückte und mich ins zweite Glied verfrachtete, konnte meine Schwester ein echtes Miteinander nie erfahren.

Heute kann man viel über sogenannte Schattenkinder lesen. Damit sind Menschen gemeint, die als gesundes Kind vermeintlich im Schatten des behinderten oder kranken Kindes stehen, das alle Aufmerksamkeit der Eltern auf sich zieht. Aus meiner Sicht ist diese Bezeichnung nicht richtig. Dann müsste auch ich ein Schattenkind sein, und ich war es nicht, trotz der Tränen und Benachteiligungen. Nach meiner Erfahrung sind Schattenkinder diese stillen Kinder, die aus einem gewaltvollen Umfeld stammen. Auch Kinder von Müttern mit Münchhausen-Syndrom können so genannt werden, weil sie im Schatten dieser psychischen Störung stehen, bei der Betroffene Beschwerden erfinden oder selbst hervorrufen und diese dann mit viel Dramatik in die Familie hineintragen. Ich bevorzuge den Begriff Funktionäre. Das sind Kinder, die immer zu funktionieren haben. Die von ihren Eltern viele Aufgaben übertragen bekommen und die versuchen, diese auch zu lösen, oft aus schlechtem Gewissen heraus und der Angst, ansonsten noch weniger Liebe zu bekommen.

»Komm schon, du bist die Große«, sagen die Eltern, oder »du bist doch das gesunde Kind«, »das intelligente Kind«, »du kriegst das hin.«

Dazu kommen noch Bestätigungen von außen: »Gut, dass ihr mit dem anderen Kind wenigstens keine Sorge habt, und bei ihm alles so gut klappt«, heißt es dann.

Das habe ich alles erlebt – der Leistungsdruck, der daraus entsteht, ist kaum mit Worten zu beschreiben. Daher empfehle ich in meiner Rolle als Familienberaterin betroffenen Familien, dem Geschwisterkind immer wieder Exklusivität zu schenken.

»Macht mal einen Papa-Tag ohne das behinderte Kind«, sage ich, um nur ein Beispiel zu nennen. Das kann beliebig variiert und ausgebaut werden. Exklusivität ist wichtig, denn sie zeigt dem Geschwisterkind: Ich bin auch da. Ich bin auch wichtig.

Ich habe noch einen zweiten Rat parat. Wir neigen dazu, dass nicht behinderte Kind auf eine Erwachsenen-Ebene zu heben. Oft wird das Kind von den Eltern zum Partner gemacht. Manchmal sind diese Kinder darauf stolz, wen wundert es, doch der Preis ist hoch. Ich war selbst so ein Kind, das wie eine junge Erwachsene funktionierte. Dabei habe ich mir inständig gewünscht, dass Silke und ich gleich behandelt werden. Für mich war meine Schwester schließlich nicht behindert. Es war normal, wie sie war. Für sie selbst war sie ebenfalls nicht behindert. Nur die Außenwelt hat sie zur Behinderten gemacht – und mich zum Geschwisterkind. Diese Prägung, das gebe ich ehrlich zu, ist mir bis heute geblieben. Ich funktioniere immer noch und ertappe mich dabei, jede Arbeit selbst machen zu wollen, auch wenn eine helfende Hand aus dem Helden-team die Sache erledigen kann.

Das ist es, was ein Geschwisterkind sein Leben lang als schweren Rucksack mit sich herumschleppt: die Prä-gung, funktionieren zu müssen und immer mehr zu leisten. Trotzdem fühlen sich diese Geschwisterkinder auch als Erwachsene oft minderwertig. Mir geht es genauso.

Trotzdem: Ich habe noch viel Glück gehabt! Als es mir gelingt, Silke in mein Leben einzubinden, geschieht ein

Wunder: Wir werden gleich, weil wir uns als Gleiche behandeln. Wir unternehmen schöne Sachen. Wir lachen miteinander und schnauzen uns auch an, wenn's sein muss. Kurz gesagt, sind wir nicht länger die Behinderte und ihre Schwester, die alles regelt. Wir sind einfach nur Silke und Kerstin.

DER TAG, DER ALLES VERÄNDERT

Wie ein Sonnenuntergang,
der mit dem Aufgehen des Mondes stirbt.
Michael Jackson, Gone to soon

In unserer Familie hat sich eine Tradition eingebürgert: Wir verbringen Weihnachten und Silvester in Lemmer, einer kleinen Hafenstadt in Holland. Dort gibt es, was für mich zum Lebenselixier geworden ist: Wasser! Neben dem Ijsselmeer ist Lemmer von Seen umgeben. Klar sind diese im Winter gefroren, was die Gegend zu einem Zentrum des Eislaufens macht. Das ist nicht so mein Ding, deshalb verbringe ich viel Zeit im Hallenbad. Ich genieße diese Auszeit von meiner Arbeit. Ich genieße es, mit Silke zusammen zu sein. Auch mit meiner Mutter klappt es besser, seit ich ausgezogen bin. Ich werde 18 Jahre alt, meine berufliche Ausrichtung als Ergotherapeutin liegt vor mir. Nach dem Staatsexamen werde ich eine Stelle in einem Seniorenzentrum annehmen.

An diesem Heiligabend 1993 freuen wir uns, dass es Silke so gut geht, wie es einem Menschen mit ihrer schweren Krankheit gehen kann. Unkenrufe von Experten gibt es genug. Die meisten von ihnen prophezeiten ihr eine kurze Lebenszeit. Doch Silke beweist, wie sehr sich die Götter in Weiß irren können. Ihre Freude am Leben ist so groß und

ihr Wille derart stark, dass sie auch all die Zeiten über-
steht, in denen es ihr richtig dreckig geht. Wir sind davon
überzeugt, dass wir noch viele Weihnachten zusammen
feiern. Niemand von uns ahnt, dass es nicht so sein wird.
Oder vielleicht doch? Ich bin selbst nicht dabei und erfahre
es erst später von meiner Mutter und von meiner Tante
Beate, aber offenbar hat Silke etwas geahnt.

Als sie das Hotel verlässt, sagt sie: »Es kann sein, dass
es länger dauert, bis ich wieder komme.«

Wie kann sie überhaupt das Hotel verlassen, ohne dass ich
bei ihr bin? Ich bin nämlich mit zwei Kindern von Freunden
meiner Mutter im Hallenbad. Doch hier im Urlaub gibt es
Jan, der ebenfalls zu unserer Feriengemeinschaft gehört.
Er ist 16 Jahre alt und begleitet Silke nach draußen. Kurz
vor der Bescherung wollen sie noch einmal den Hund Gassi
führen. Vor dem Hotel befindet sich eine kleine Gracht, an
der eine Straße vorbeiführt, auf der eine Geschwindigkeit
von 70 km/h zulässig ist. Das Auto, das gleich hier durch-
rasen wird, ist mit rund 140 km/h unterwegs.

Die Kinder und ich plantschen. Wie in jedem Hallenbad
dröhnt jedes Wort, jedes Lachen doppelt und dreifach so
laut. Trotzdem herrscht auf einmal unheimliche Stille. War
da was? Die Kinder schauen mich an. Ich kann auch nicht
sagen, was wir vernommen haben. So etwas wie ein Knall.
So etwas wie ein Schleifgeräusch. Auf einmal habe ich die
Kofferkulis vor Augen, mit denen das Gepäck der Gäste
ins Hotel befördert wird.

»Vielleicht hat jemand so ein Ding umgeworfen«, denke
ich. Trotzdem befällt mich eine innere Unruhe. Obwohl
wir eigentlich noch bleiben wollen, sage ich: »Kinder, Zeit
zum Aufbrechen.« Ich trockne sie ab und schlüpfe selbst

in meine Kleider. Während dieser ganzen Zeit betritt niemand mehr das Schwimmbad. Als ich mit den Kindern an der Hand an der Rezeption vorbeikomme, schaut mich die Dame hinterm Tresen betreten an – und blickt dann rasch weg. Hinter ihr tanzen blaue Lichter an der Wand. Ich wende den Kopf. Erst jetzt sehe ich die schwirrenden Blaulichter von Krankenwagen und Polizei. Mehr erkenne ich nicht, eine Menschenmenge versperrt mir den Blick. Trotz dieses befremdlichen Anblicks verschwende ich keinen Gedanken daran, dass, was immer da draußen vor sich geht, mit mir zu tun hat. Ich mache mich mit den Kindern auf den Weg zu unserem Apartment. Dort ist kein Mensch.

»Na, jetzt gaffen die«, denke ich. Doch auf einmal lässt sich mein Unwohlsein nicht länger unterdrücken. Da stimmt etwas nicht, da stimmt etwas nicht, schießen mir die Gedanken wild durch den Kopf. Noch immer stehe ich in unserem verlassenen Apartment mit zwei Kindern an der Hand. Es ist so still. Gleichzeitig spüre ich, wie laut es draußen ist. Es ist eine ganz unwirkliche Situation, und ich habe keine Ahnung, was ich tun soll. Plötzlich wird die Tür aufgestoßen. Eine Frau kommt herein, eine Freundin meiner Mutter. Ihr Atem geht schnell, als sei sie gerannt.

»Die Kinder«, stößt sie hervor, »bring sie ins andere Zimmer. Ich muss mit dir sprechen.«

So brüsk kenne ich die Freundin nicht. Mir schwant Schlimmes. Ein Gedanke macht sich in meinem Kopf breit: Der Hund ist überfahren worden.

Aber das ist es nicht. Kaum sind die Kinder weg, holt sie tief Luft.

»Silke. Sie hatte einen ...« Sie macht eine Pause, als würde ihr das richtige Wort nicht einfallen »... schweren Unfall.«

Noch heute spüre ich den Stich, der mir in diesem Moment durchs Herz fährt.

»Hat sie es ...« Auch ich suche nach Worten. »Hat sie es geschafft?«

Später frage ich mich oft, wie es kommt, dass ich diese Worte wählte. Ich will wissen, ob sie tot ist, aber das auszusprechen geht nicht, ist völlig unmöglich. Stattdessen frage ich, ob Silke es geschafft hat, als wäre mir bereits bewusst, was mir später berichtet wird: Es ging tatsächlich darum, ob Silke es schafft, vor dem rücksichtslosen Raser die Straße zu überqueren. Sie sitzt in ihrem Rollstuhl, der 6 km/h fährt. Den hat keiner gepimpt, dem hat niemand mehr Pferdestärken verliehen, wie sehr ich das bedauere! Jan und der Hund haben die Straße bereits überquert, so viel kann er mir später berichten, neben diesem Satz, den er immer und immer wieder sagt: »Der war zu schnell. Der war einfach zu schnell.«

Die Freundin meiner Mutter schüttelt den Kopf. »Nein«, sagt sie. »Silke hat es nicht geschafft. Sie ist tot.«

Es fällt mir nicht leicht, das alles aufzuschreiben. Einige Erinnerungen sind noch so deutlich, als sei alles gestern passiert. Andere wiederum sind wie ausgelöscht. Was zwischen der Nachricht und dem Moment passiert, als meine Mutter ins Zimmer tritt, weiß ich zum Beispiel nicht mehr. Ich kann mich aber daran erinnern, dass ich dachte: Zum Glück ist Silke nicht so schwer verletzt worden, dass sie noch stärker behindert ist und noch mehr aushalten muss. Da versuchte mein Verstand, Silkes plötzlichen Tod in einem positiven Licht zu präsentieren, damit ich nicht völlig durchdrehe.

Auf einmal sind viele Leute um mich. Meine Mutter. Meine Tante. Mein Stiefvater. Polizisten. Meine Mutter nimmt mich in den Arm. Wie von weit her höre ich ihre Stimme.

»Jetzt rauchen wir erst mal eine«, sagt sie.

»Ich will zu ihr«, stoße ich hervor. »Ich will zu Silke.«

Jetzt reden alle durcheinander. Ich höre »Nein« und »das geht nicht«, ich spüre Hände, die mich festhalten. Jemand sagt: »Ihre unversehrte Seite lag oben«, eine andere Stimme fügt hinzu: »Sie sah aus, als ob sie schläft«.

Bis heute habe ich keinen Frieden damit gemacht, dass ich meine Schwester nicht noch einmal sehen durfte.

Der war zu schnell, sagte Jan, und das stimmt. Silke hat die Straße zur Hälfte überquert, als ihr klar werden musste, dass sie es nicht schaffen wird. Der Fahrer ist mit rund 140 km/h unterwegs. Er kommt von einer Weihnachtsfeier. Er hat Alkohol getrunken. Er ist von Beruf Jurist. Zufall oder nicht: Die Polizei versäumt es bei ihm die gesetzlich vorgeschriebene Blutalkoholkontrolle durchzuführen. Dadurch wird er später nur ein kleines Bußgeld zahlen müssen. Stattdessen zeigt sein Anwalt meine Mutter an. Sie habe ihre Aufsichtspflicht verletzt. Als das nicht fruchtet, heißt es: Silke hat ihm die Vorfahrt genommen. Diese Ungerechtigkeiten und der Missbrauch von Macht lassen meiner Mutter keine Ruhe. Auch ich werde davon geprägt: Mein Gerechtigkeitssinn, den ich heute an den Tag lege, und mein Kampfgeist, haben ihren Ursprung in dieser Zeit.

Als ich mich am nächsten Tag zum Unfallort traue, finde ich Silkes Schuhe. Es sind Plüschpuschen, auf denen vorne eine kleine Maus sitzt. Die Wucht des Aufpralls hat sie achtzig Meter weggeschleudert. Wo der betrunkene Fahrer in Silke hineinraste, sind Kreidestriche auf der Straße. Es ist ein Wunder, dass Jan noch am Leben ist. Sonst standen wir immer hinten auf dem Rollstuhl und haben uns fahren lassen. Der Hund hat ihn gerettet. Der zog an der Leine, daher war Jan Silke voraus. Dazu konnte er rennen und sich retten, Silke konnte das nicht.

Niemand fragt mich, wie es mir geht. Ich halte es kaum aus, als meine Mutter unzählige Anrufe nach Deutschland tätigt, um allen möglichen Leuten vom Unfall zu berichten. Ich bleibe mit meinem Schrecken und meiner Traurigkeit alleine. Weihnachten ist von nun an für eine lange Zeit mit diesem Gefühl der Ohnmacht verbunden. Wenn im September die ersten Nikoläuse in den Supermärkten auftauchen, kehrt die Ohnmacht zurück. Es muss ein Wunder geschehen, damit sich daran etwas ändert. Und das Wunder geschieht! Nicht am nächsten Tag, nicht in der Woche darauf, auch nicht im nächsten Monat oder im kommenden Jahr. Wunder brauchen eben auch ihre Zeit. Doch eines Tages taucht Lotta in meinem Leben auf – und ich freue mich schon darauf, Ihnen von diesem Wunder zu erzählen!

DER KING OF POP

Das Kind ist längst erwachsen und versteckt sich doch im Mann.
Es läuft die Treppe ständig hoch und kommt nie oben an ...

Pur, Seiltänzertraum

Für einen Menschen, den manche Lehrer als Kind zu dumm
zum Lesen hielten, habe ich mittlerweile eine ganz schön
große Bibliothek weggelesen. Auch muss ich in meiner
Position als Vorsitzende des Bundesverbands behinderter
Pflegekinder über schwer verständlichen Gesetzestexten
brüten. Dann danke ich im Geiste meiner Großtante dafür, dass sie mir mit Geduld und Nachdruck half, meine
Leseschwäche zu überwinden. Eigentlich muss ich auch
Michael Jackson dafür danken. Denn seine Biografie gehörte zu den ersten Büchern, zu denen ich als Teenager
freiwillig griff. Heute weiß ich, wie viele leseunwillige
Kinder die Harry-Potter-Erfinderin Joanne K. Rowling zur
Lektüre gebracht hat. Irgendwo stieß ich einmal auf den
treffenden Satz: »Es braucht nur das richtige Buch, dann
lesen alle Kinder gerne.« Harry Potter ist dafür zweifellos
das Paradebeispiel. Bei mir war es »Moonwalk«, die 1988
erschienene Biografie von Michael Jackson. Hätte ich mir
damals träumen lassen, dass ich eines Tages für ihn arbeiten würde? Doch so ist es gekommen. Ich habe bei und
von Michael Jackson viel gelernt – auch Dinge, die ich
heute immer wieder gut anwenden kann. Um ein Beispiel

zu nennen: Als ich vor einiger Zeit eine Demonstration in Berlin unter dem Motto »Wie behindert ist das denn?« auf die Beine stellte und wir vor die Tore des Deutschen Bundestags zogen, um mit der damaligen Bundesfamilienministerin Katharina Barley in Dialog zu treten – da wusste ich eben, wie man eine Großveranstaltung dieser Art auf die Beine stellt. Da konnte ich mich auf meine Erfahrungen verlassen, die ich sammelte, während ich Michael Jackson und seine Crew in Europa auf der HIStory World Tour begleitete. Diese Tournee ging in die Geschichte ein: Mit 82 Konzerten in 35 Ländern auf fünf Kontinenten und 4,5 Millionen Besuchern stellte sie Rekorde auf, die seither nicht getoppt werden konnten.

Alles beginnt schließlich 1996. Ich bin nicht nur Fan des Sängers, sondern auch »Mitarbeiter« in einem der vielen Michael Jackson-Fanclubs. Die Anführungszeichen benutze ich, weil ich damals von Tuten und Blasen keine Ahnung hatte. Was tut ein Mitarbeiter eines Fanclubs? Nun, er kümmert sich um andere Fans. Das machte ich mit viel Herz und wenig Verstand, weil ich von professioneller Fan-Betreuung noch nichts verstand. Das sollte sich jedoch bald ändern.

Ein Jahr zuvor war Michael Jacksons Doppel-Album »HIStory – Past, Present and Future Book I« erschienen. Vielleicht erinnern Sie sich an den Earth Song, der Teil dieses Albums ist. Schon bald nach der Veröffentlichung steht das Album weltweit auf Platz 1. Bei uns tritt Michael Jackson bei »Wetten, dass ...?« auf, was der Sendung die höchsten Einschaltquoten der 1990er-Jahre einbringt. In Duisburg, zusammen mit vielen anderen Fans, sehe ich die Sendung mit glühenden Wangen auf einer Großleinwand. Bald danach startet die HIStory World Tour in Prag.

150.000 Fans kommen zum Konzert, eine nie mehr erreichte Menge. Unter ihnen bin auch ich, Fan und Fanclub-Mitarbeiterin. Es ist ein großartiges Erlebnis, an das ich mich heute noch gerne erinnere. Mir gefällt die Konzert-Atmosphäre so gut, dass ich beschließe, mir eine weitere Eintrittskarte vom Mund abzusparen. Dieses Mal soll es nach Amsterdam gehen. Dort bin ich erneut überwältigt.

Zu dieser Zeit läuft auf RTL die Sendung »Glücksritter« mit Moderatorin Ulla Kock am Brink. In einer Sendung wird verkündet, dass ein Glücksritter oder eine Glücksritterin eine Eintrittskarte für das Zusatzkonzert in Amsterdam gewinnen kann. Meine Mutter ruft an und teilt mit, dass sich ihre Tochter diese Karte sehnlichst wünscht. Davon weiß ich nichts – umso größer ist meine Überraschung, als wir zusammen nach Köln zur Sendung fahren. Dort trage ich meine Michael Jackson-Fankleidung – und falle aus allen Wolken, als ich vor laufender Kamera die Eintrittskarte bekomme. Es ist keine simple Eintrittskarte. Bei Harry Potter würde man sie sicherlich magische Karte nennen, denn auf ihr steht in dicken Lettern: Pressekarte.

Ich kann es kaum glauben! Ich halte eine echte Pressekarte in Händen! Mit der ich nicht nur als Zuhörer dem Konzert folgen kann, oh nein! Ich darf an der offiziellen Pressekonferenz im piekfeinen Okura Hotel in der Amsterdamer Ferdinand Bolstraat teilnehmen. Das Konzert erlebe ich von der Pressebühne aus. Von dort schieße ich eifrig Bilder. Außerdem setze ich mich auf den Hosenboden und schreibe einen Artikel. Den schicke ich an Dieter Wiesner, den späteren Manager und engen Vertrauten von Michael Jackson. Er hat eine Merchandising Firma, in der ein Magazin über den Künstler erscheint. Die Leute dort lesen, was ich geschrieben habe – und finden es gut! Das Telefon klingelt und eine freundliche Frau sagt, dass ich »eine gute Schreibe« habe. Ist das ihr Ernst? Das Mädchen, das man als Legasthenikerin mit ausgeprägter Lese-Rechtschreib-Schwäche einstufte, kann etwas schreiben, was andere Menschen gerne lesen? An diesem Tag fühle ich mich wie Alice im Wunderland! Und die Reise in die Tiefen des Kaninchenbaus soll noch weitergehen.

»Hättest du Lust, uns zu unterstützen?«, höre ich die Frau am Telefon sagen. »Wir bauen gerade unseren Fan Support aus.«

Fan Support – das klingt nach großer weiter Welt. Für jemand wie mich, der es bisher lediglich geschafft hat, Nottuln in Nordrhein-Westfalen hinter sich zu lassen, und jetzt während seiner Ausbildung wieder zu Hause wohnt, klingt das verführerisch. Ich bin zum Glück vernünftig genug, mich nicht Hals über Kopf ins große Abenteuer zu stürzen. Ich mache erst brav mein Examen als Ergotherapeutin und trete eine Stelle in einem Seniorenstift an. Dann fahre ich allerdings nach München, wo das neue Album von Michael Jackson »Blood on the Dancefloor« im Olympiastadion präsentiert wird. Als kurz darauf die HIStory World Tour fortgesetzt wird, bin ich als Runner mit dabei. Das Seniorenstift unterstützt mich sehr und beurlaubt mich für die Zeit der Tour.

Als Runner bezeichnet man Leute, die zu allen möglichen Arbeiten bei einer Tournee herangezogen werden. Manchmal werden sie auch »Gofor« genannt, das englische Kürzel für »go for this, go for that«: Geh hierhin, geh dorthin, tue dies, tue das. Ich bin also das Mädchen für alles, und wenn man diesen Job engagiert macht, lernt man viel. Das tue ich auch. Jeder Mitarbeiter bekommt einen Ausweis ausgehändigt, den man sich um den Hals hängt. An ihm lässt sich leicht erkennen, wo man in der Hierarchie des Unternehmens steht. Nur wenige dürfen bis zum Künstler vordringen, und das lässt sich am Pass erkennen. Die unterste Ebene, wozu ich zähle, kriegt einen sogenannten Pinkelpass. Mit dem darf ich vor dem offiziellen Einlass ins Stadion, wo die Dixie-Klos aufgestellt sind – daher kommt der Name. Ich bin mächtig stolz auf meinen Pass! Das riesengroße, fast menschenleere Stadion beeindruckt mich. Nur ein paar Handwerker und Techniker sind am Arbeiten, ansonsten herrscht eine angespannte Ruhe – die Ruhe vor dem Sturm! Der beginnt mit dem Soundcheck. Ich bin zum ersten Mal dabei. Die Professionalität aller Beteiligten spornt mich an. Welche Aufgabe mir auch zugewiesen wird, ich löse sie mit großem Eifer. Das fällt meinen Vorgesetzten auf. Bei jedem neuen Konzert steige ich in der Hierarchie auf – was sich an meinem neuen Ausweis ablesen lässt. Längst habe ich keinen Pinkelpass mehr, sondern einen Ausweis, der mir fast überall hin Zugang verschafft. Ich bin jetzt für die Betreuung der VIP-Gäste zuständig. Wichtige Nasen also – oder zumindest Leute, die sich für wichtige Nasen halten. Dabei bekomme ich viel mit – auch Dinge, die mir sehr zu denken geben. Der Druck, der auf Michael Jackson lastet, ist riesig. Viele Leute verdienen richtig viel Geld durch ihn. Für sie ist er ein Goldesel, dem sie keine Atempause gönnen. Ich lerne den Sänger als introvertierten Menschen kennen, der kaum einen Schritt unbeaufsichtigt machen darf. Heute, mit meiner Erfahrung durch die Arbeit mit den Kindern, sehe ich es so: Michael war selbst noch ein Kind. Am glücklichsten erlebe ich ihn, wenn er spielen darf und wie ein kleiner Junge anderen einen Streich spielt.

Einmal regnet es in Strömen, und das Konzert soll gleich beginnen. Als Michael Jackson in seinem goldenen Anzug aus der Limousine steigen will, kommen von überall her Helfer mit Regenschirmen gelaufen. Ich habe Gummistiefel in Größe 41 besorgt, in die er steigt. Auf einmal sehe ich ihn grinsen, wie Erik heute grinst, wenn ihm wieder etwas Lustiges einfällt. Dann verlässt Michael Jackson den Schutz der Regenschirme und läuft lachend durch den Matsch. Habe ich nicht am Anfang des Buches geschrieben, wie sehr ich es liebe, wenn Kinder draußen spielen und danach aussehen, als hätten sie sich im Matsch gewälzt, weil das den meisten Spaß bringt? Ich finde lustig, was Michael Jackson tut, aber Mike Bush, der für sein Outfit zuständig ist, sieht aus, als würde er gleich kollabieren. Er bellt Befehle: Michael soll raus aus dem Regen! Ein frischer Anzug muss her! Putzt die Schuhe, nein, er braucht neue Schuhe, aber dalli! Und was ist mit den Haaren, wo ist die Maskenbildnerin? Der Ton ist rau, denn die Uhr tickt, das Konzert muss pünktlich beginnen. Da ist keine Zeit für Quatsch. Und weil auf einer Welt-Tournee nach dem Konzert vor dem Konzert ist, gibt es nie Zeit für Quatsch.

Quatsch ist aber wichtig. Gerade, wenn das Leben wieder ernst wird. Vom letzten Satz bis zu diesem musste ich die Schreibarbeit für einige Tage unterbrechen, weil ich mit Richard in der Kinderklinik bin. Es geht ihm nicht gut, und keinem ist zum Lachen zumute. Kaum haben wir das Schlimmste überstanden, versuche ich, mich und die anderen aufzuheitern. Das gefällt Richard. Ein Strahlen überzieht sein bleiches Gesichtchen. Ich mache noch mehr Späße. Richard lacht, und wir atmen auf. Ähnlich halte ich es auch, wenn ich zu Diskussionen und Podiumsgesprächen eingeladen bin. Dort ist die Atmosphäre oft ganz schön angespannt. Also verschwinde ich kurz irgendwohin, wo mich keiner sieht. Dann stelle ich mich vor einen Spiegel und ziehe ein paar Grimassen, lache über mich selbst und kehre mit einem frischen und befreiten Gefühl zurück. Das ist eine wichtige Lektion, die ich im Umfeld von Michael Jackson gelernt habe: Gebt den Menschen Luft zum Atmen, gebt ihnen Zeit und Muße zum Lachen und Spielen und zum Quatsch! Mir gefällt es nicht, als ich während der Tournee verstehe, wie eine geldgierige Umgebung dem Künstler die Luft abschnürt, weil sie nur darauf aus ist, dass er funktioniert. Zwar bin ich in der Hierarchie hoch geklettert, doch nicht weit genug, um meinen Einfluss geltend zu machen. Als daher die Entscheidung ansteht, ob ich die Tournee weiter begleite, sage ich ab. Damit ernte ich viel Verwunderung. Man sagt mir Talent im Organisieren nach. Das Showbusiness ist schnell, laut und funkelnd. Backstage ist es doch eher schroff, hart und nicht immer legal. Man verspricht mir einen gut bezahlten Job.

»Ich will mich gerne weiterhin für Michael einsetzen«, erwidere ich. »Aber ich will nicht länger Teil einer Produktion sein, die den Menschen, den ich so sehr schätze, umbringt.«

Jeden Tag tauchen im Umfeld von Michael Jackson neue Wichtigtuer auf, und ein ums andere Mal sehne ich mich nach dem ehrlichen Leben zurück, das ich im Seniorenstift habe. Ich bin hin- und hergerissen: Ich will wieder in meinem gewohnten Umfeld leben und arbeiten. Ich möchte aber auch diese neue Welt nicht völlig missen. In diesem Zwiespalt treffe ich die Entscheidung, das eine zu tun und das andere nicht zu lassen.

Das bedeutet: Von nun an arbeite ich wieder in meinem Beruf und widme mich in meiner Freizeit der Fanarbeit und dem Künstler-Support. Spannende Zeiten brechen an: Es ist das Jahr 1998, ich wohne wieder zu Hause bei meiner Mutter, als es an der Tür klingelt. Ich weiß, wer kommt, denn der Mann von der Versicherung hat sich angemeldet. Natürlich geht es um Versicherungen, doch auf einmal weicht das Gespräch vom eingeschlagenen Pfad ab. Der Besucher und ich kommen ins Plaudern. Ich berichte von meinen Erfahrungen mit Michael Jackson. Bald sind wir beim vertrauten »Du« angekommen, und meine Mutter wundert sich, warum sich Christian auf einmal nicht mehr sonderlich für Versicherungen interessiert. Stattdessen spricht er davon, dass er schon seit längerer Zeit auf der Suche nach Jugend-Veranstaltungen ist, die er unterstützen will. Er spricht mit mir über dieses Sponsoring, als säße ihm nicht eine Frau gegenüber, die als Ergotherapeutin arbeitet, sondern eine gewiefte Managerin aus der Musikbranche. Was andere abgeschreckt, mache ich gerne: zum Telefon zu greifen, um Hinz und Kunz für eine Genehmigung anzurufen, mich durchzufragen und niemals aufzugeben, wenn die Antwort »Nein!« lautet.

»Wenn ihr vorhabt, in eine große Veranstaltung zu investieren, wüsste ich was«, höre ich mich sagen.

»Und das wäre?«

»Das Michael Jackson Birthday Event. Das wird ein Riesending!«

Der laut Guinnessbuch der Rekorde erfolgreichste Entertainer aller Zeiten wurde 1958 geboren. Nun steht sein 40. Geburtstag vor der Tür. Weltweit werden dazu Veranstaltungen organisiert. Christian fängt Feuer, und schon bald arbeiten er und ich eng zusammen. Am Ende stellen wir ein schönes Ergebnis auf die Beine: Das Michael Jackson Birthday Event in einer Großdiskothek in Wesel – von mir mitorganisiert und unterstützt von Christians Agentur. Während wir an der Ausarbeitung tüfteln, entwickelt sich zwischen uns eine tiefe Freundschaft, aus der noch mehr werden soll: Einige Zeit später geben sich Christian und ich das »Ja-Wort«. Wenn man so will, ist also Michael Jackson unser Ehe-Stifter. Und ein bisschen auch der Zufall, an den ich nie so richtig glauben mag – sondern eher daran, dass sich dahinter Schicksal verbirgt. Bei einem unserer Telefonate, die oft die halbe Nacht dauern, stellen Christian und ich fest, dass meine Mutter hochschwanger im selben Krankenhaus auf derselben Station lag wie die Mutter von Christian, als er zur Welt kam!

»Wenn wir uns schon so lange kennen«, sage ich mit einem verliebten Lächeln in den Hörer, »... können wir den weiteren Weg doch gemeinsam gehen«, kommt von Christian zurück.

Ein Jahr vor dem Ereignis der Jahrtausendwende entscheide ich mich dafür, die Arbeitsstelle zu wechseln. Ich bin gerne im Seniorenstift, doch ich vermisse den Umgang mit Kindern. Dazu kommt, dass ich mich für neue Techniken begeistere, die Menschen mit Behinderung das Leben erleichtern. Immer wieder kommt mir dabei Silke in den Sinn, die nie eine auf ihre Bedürfnisse angepasste Sitzschale in ihrem Rollstuhl hatte. Wenn Sie den ganzen Tag in so einem Ding verbringen müssen, stellen Sie schnell fest, wie extrem wichtig das ist. In der Reha-Technik gibt es ständig Neues, und ich will an dieser Entwicklung teilnehmen. Von nun an versorge ich Kinder mit Behinderungen mit individuellen Hilfen. Das reicht vom Therapiefahrrad bis zum Elektro-Rollstuhl mit Sondersteuerungen. Damals lege ich die Grundlage zu meinem geballten Wissen über alle möglichen Hilfen in der Reha-Technik, von der meine Kinder heute profitieren sowie alle Familien, denen ich beratend zur Seite stehe.

Zur gleichen Zeit geht auch in meinem zweiten Berufsleben die Technik durch die Decke. Eine Entwicklung namens Internet nimmt mächtig an Fahrt auf. Da mich – wen wundert's – auch Computer faszinieren, bin ich schon selbstsicher und routiniert im Internet unterwegs. Momentan ist es die Plattform MySpace, auf der ich in Sachen Künstler-Support tätig bin. Diese soll zu einer der erfolgreichsten Webseiten für Musiker und ihre Fans ausgebaut werden. Dann macht eine Online-Community mit dem Namen studiVZ von sich reden, die sich an Studierende richtet. Kurz darauf kommt auch noch schülerVZ für Schüler und meinVZ für alle Nichtstudierenden hinzu. Ich bin in allen diesen Netzwerken aktiv. Auch hier lege ich einen Grundstein für meine heutige Arbeit. Mit dem Heldenteam, den Pflegefachkräften meiner Kinder, bin ich sehr gut vernetzt, wie es heute heißt. Auch der Bundesverband behinderter Pflegekinder wird dadurch in der Öffentlichkeit wahrgenommen. Als im Sommer 2004 Mark Zuckerberg zusammen mit anderen Computer-Freaks das soziale Netzwerk Facebook gründet, verbringe ich noch mehr Stunden mit Fan-Arbeit und Künstler-Support vor dem Rechner. Blicke ich zurück, schaue ich auf eine glückliche Zeit: Tagsüber helfe ich behinderten Kindern – und abends und nachts den Fans von Michael Jackson. Stellt sich bloß die Frage, wann ich geschlafen habe. Das ist kaum anders wie heute – ich muss zugeben, dass mich der Schlafmangel schon immer durchs Leben begleitet.

Als ob mir das alles noch immer nicht genügt, entscheide ich mich im Jahr 2006 für eine Zusatzausbildung. Seit einiger Zeit werden in Köln künftige Eventmanager geschult. Das ist noch eine ziemlich neue Berufsbezeichnung, die der Entwicklung in der Technologie und der Zunahme von Großtourneen und öffentlichen Ereignissen immer mehr geschuldet ist. Es genügt halt nicht mehr, eine Band von A nach B zu karren, die Bühne aufzubauen und sich darum zu kümmern, dass die Besucher mit Bier und Pommes Rot-Weiß versorgt sind. Als Eventmanager braucht man viel technisches Wissen, kennt sich in Arbeitssicherheit und Rechtsfragen aus sowie im Management von Künstlern. Das sind alles Themen, über die ich mehr erfahren möchte. Auch wenn ich schon viel Erfahrung mitbringe, kann ich noch einiges lernen. Welche Genehmigungen braucht man, wenn man eine Veranstaltung auf Bundesebene organisieren will? Ich lerne die Fallstricke von Verträgen kennen und was der Brandschutz, der TÜV, der Statiker und das Bauamt mit dem Aufbau einer Bühne zu tun haben. Am meisten Spaß machen mir die Themen Public Relation und Corporate Identity: Die Öffentlichkeitsarbeit und das Erscheinungsbild tragen wesentlich dazu bei, sich von tausenden Mitbewerbern zu unterscheiden. Daraus entwickelt sich eine Marke, die vom Publikum und den Fans geschätzt wird. Nehmen Sie die Rolling Stones. Die Gruppe rund um Mick Jagger ist schon lange keine simple Band mehr, sondern eine Marke wie Coca-Cola, Google oder Apple. Damals erkannte ich, dass ich ähnliche Wege gehen muss, wenn ich ein Herzensanliegen habe, das ich in die Öffentlichkeit bringen möchte. Dass dieses Herzensanliegen behinderte Pflegekinder sein werden sowie die Bekämpfung des Fetalen Alkoholsyndroms und ich als

Mama Held selbst zur Marke werde, konnte ich natürlich noch nicht ahnen. Doch im Rückblick stelle ich fest, dass ich mit viel Fleiß Bausteinchen um Bausteinchen zusammengefügt habe, damit sich am Ende aus all diesen vielen Puzzleteilen ein klares Bild ergibt.

Als ich die Ausbildung mit der Prüfung vor der Industrie- und Handelskammer abschließe, bin ich dabei, mein größtes Projekt im Künstler-Support von Michael Jackson zu stemmen. Zusammen mit ein paar Freunden programmieren wir das Michael Jackson Social Network. Aus dieser Zeit, dem Jahr 2007, stammt eine Pressemitteilung, die mir beim Recherchieren zu diesem Buch wieder in die Hände gefallen ist. Obwohl sie nicht wirklich alt ist, birgt sie doch geradezu nostalgische Erinnerungen.

»Michael Jackson wird erster Künstler mit einem eigenen Social Network«, steht als Überschrift über dem Text.

Darin berichten wir, wie der Popstar durch dieses Social Network enger mit seinen Fans verbunden sein wird. Selbst wenn man das heute kaum glauben mag, war das etwas völlig Neues. Michael war der Erste und blieb der Einzige mit eigenem Social Network – und ich war maßgeblich daran beteiligt.

Gerade musste ich diese Erinnerung an eine Zeit in meinem Leben, die mir ziemlich weit weg erscheint, unterbrechen, um unten bei den Kindern nach dem Rechten zu sehen. Ich half der Pflegekraft, die Trachealkanüle bei Richard neu zu setzen, damit der Kleine besser atmen kann. Was für andere Aufgaben ich heute doch bewältige! Und doch stehen sie im engen Zusammenhang mit meiner Zeit bei Michael Jackson. Weil ich meine dort erworbenen Kennt-

nisse gut gebrauchen kann, aber auch, weil ich in dem
Sänger eine Seele entdeckte, die man zum Funktionieren
zwang – bis zum Tag, als es nicht mehr weitergeht. Als
sich im Juni 2009 die Nachricht von seinem Tod rund um
den Globus verbreitet, fühle ich große Trauer. Sein Todes-
tag, der auch der Geburtstag meiner Mutter ist, fällt auf
den Tag, an dem ich meine Zelte im Münsterland abbre-
che, um in den Norden zu ziehen. Neben vielen anderen
Menschen, die meinen Weg prägen sollen, ist Michael zu
einem Freund, Mentor und Beschützer geworden. Seine
Musik lebt weiter, auf der ganzen Welt und natürlich auch
im Haus von Mama Held. Als wir uns gestern zum Supermarkt aufmachen und ich Erik im Auto frage, »was willst
du denn hören, Schatz?«, macht mein Herz einen kleinen
Freudensprung, als er aus seinem Kindersitz herauskräht:
»Mama, spiel Michael Jackson. Das Lied von der Erde!«

Dein Wunsch ist mir gerne Befehl, mein Kleiner. Und so
spiele ich für Erik den Earth Song.

UND DANN KOMMT SASCHA

Dieser Weg wird kein leichter sein, dieser Weg wird steinig und schwer. Nicht mit vielen wirst du dir einig sein, doch dieses Leben bietet so viel mehr.

Xavier Naidoo, Dieser Weg

Ich habe meine Arbeit mit den Kindern, die mir Spaß macht. Ich habe Freude daran, Michael Jackson zu unterstützen. Ich bin froh über die Ausbildung als Event-Managerin. Als ob das alles noch nicht reicht, engagiere ich mich seit einiger Zeit ehrenamtlich und politisch für Pflegekinder mit Behinderung – die es zu dieser Zeit offiziell noch gar nicht im Gesetz gibt, aber geben soll, denn das ist der Wunsch und Wille von mir und vielen Menschen. Zwar bin ich jung und voller Energie, trotzdem spüre ich den Druck der Mehrfachbelastung. Im Jahr 2008 treffe ich die Entscheidung, die Unterstützung der Michael Jackson-Fans anderen zu überlassen, weil sich meine wahre Aufgabe immer mehr herauskristallisiert. Das spüre ich in jedem Augenblick, den ich mit meinen Kindern verbringe. Sie brauchen mich, und ich brauche sie. Ihnen schenke ich mit Freude meine Aufmerksamkeit, meine Liebe und Zuneigung. Jedoch fordern sie auch eine Seite von mir heraus, die in meinem Leben bisher zu kurz kam: Ihr Schicksal weckt mein Kämpferherz. Weil ich immer mehr mitbekomme, wie viele behinderte Kinder in Heimen und

Krankenhäusern leben müssen, weil es keine Eltern gibt oder diese restlos überfordert sind, denke ich darüber nach, warum es dafür keine Rechtssicherheit gibt. Ein behindertes Pflegekind in Deutschland aufzunehmen ist so, wie ein Auto ohne Führerschein zu fahren. Ich fange an nachzuforschen und will die bittere Wahrheit kaum glauben! Die Jahrtausendwende steht vor der Tür, die Menschheit hält sich für modern und fortgeschritten, aber in meinem Heimatland haben Kinder mit Behinderung kein Recht auf eine Familie! Die Zahl schwerbehinderter Menschen in Deutschland ist hoch. Zum Jahresende 2017 sind es laut Statistischem Bundesamt 7,6 Millionen, also über 9 Prozent der bundesdeutschen Bevölkerung. Daher ist auch die Zahl pflegebedürftiger Kinder hoch. Und diese besitzen keinen gesetzlichen Rechtsanspruch auf das Leben in der Pflegefamilie! Warum nimmt davon kaum einer Notiz? Inzwischen kenne ich den Grund – mit meiner Erfahrung aus der Welt der Popkultur: Weil diese Kinder keine Schlagzeilen machen! Weil diese Kinder kein Public Relation haben! Weil diesen Kindern die Stimme fehlt, die ihnen Gehör verschafft!

»Moment mal«, denke ich. »Sagt man mir nicht eine ziemlich laute Stimme nach? Heißt es nicht immer wieder, hey Kerstin, dich kann man hundert Meter gegen den Wind hören?«

Vielleicht soll ich die Stimme dieser Kinder sein!

Hätte ich geahnt, welchen Kraftakt die Umsetzung dieses Vorhabens bedeutet – hätte ich es trotzdem getan? Hätte ich gewusst, dass ich zwanzig Jahre später noch immer um eine verbindliche gesetzliche Regelung kämpfe, mittlerweile als Vorsitzende des Bundesverbandes behinderter Pflegekinder e.V. vor Ort in Berlin beim Bundesministerium für Familie, Senioren, Frauen und Jugend – wäre ich den Weg trotzdem gegangen? Hätte mir gedämmert, dass ich spät in der Nacht nach einer weiteren Sitzung erschöpft auf Facebook poste: »Die bürokratische Belastung und die mangelnde Rechtssicherheit raubt Kraft und Zeit, die man so gern den Kindern geben würde«, weil ich an meine Kinder daheim denke, die gerade ohne mich auskommen müssen – hätte ich es trotzdem versucht?

Die Antwort ist ein dreifaches »Ja!«. Auch wenn ich heute leider noch immer nicht schreiben kann: »Leute, wir haben es geschafft«, was ich liebend gerne täte, ist dieser steinige Weg der einzig richtige. Dafür poste ich in derselben Nacht eine weitere Nachricht auf Facebook: »Danke an alle Familien, die einen Menschen mit Behinderung in ihrer Mitte tragen, egal ob Herkunftsfamilie, Adoptivfamilie oder Pflegefamilie. Ihr alle leistet den inklusivsten Beitrag in unserer Gesellschaft, der je möglich sein wird!«

Für diese Gesellschaft, in der nichtbehinderte Menschen und Menschen mit Behinderung ganz natürlich miteinander leben, trete ich ein. Obwohl ich das zu dieser Zeit noch nicht so schön formulieren kann, weiß ich es schon. Weil ein Menschlein in mein Leben tritt, der mir dafür die Augen öffnet. Er ist fünfzehn Jahre alt, durch Tetraspastik schwer mehrfachbehindert – das Schicksal greift ein und führt mich erneut mit Sascha zusammen.

Nach meinem Freiwilligen Sozialen Jahr in Volmarstein habe ich den Kontakt zu ihm nicht abgebrochen. Dazu ist er mir viel zu sehr ans Herz gewachsen. Ich stecke mitten in der Ausbildung zur Ergotherapeutin, ich habe eine Menge anderer Dinge zu tun, und doch setze ich mich immer wieder ins Auto und fahre zu ihm. Das hat nicht nur gute

Seiten. Menschen wie Sascha brauchen Beständigkeit. Das ist ein wichtiger Begriff, der mit dafür verantwortlich ist, dass ich mich heute so sehr für die Belange behinderter Pflegekinder einsetze. Beständigkeit heißt ein sicheres Umfeld – genau das Umfeld, das in der Regel eine Familie bietet. Als ich Sascha immer wieder besuche und ihn in dieser Zeit auch mitnehme, damit wir gemeinsam etwas unternehmen können, trage ich dazu bei, dass diese Beständigkeit nicht garantiert ist. Eine erfahrene Mitarbeiterin in Volmarstein nimmt mich eines Tages zur Seite.

»Ich freue mich sehr, dass du Sascha so viel Herzensliebe schenkst«, sagt sie. »Gleichzeitig erschütterst du seinen Lebensmittelpunkt.«

Es sind harte, aber ehrliche Worte, an denen ich lange kauen werde. Ich kann nachvollziehen, was sie mir damit sagen will. Auch die Eltern von Sascha vertreten diese Meinung. Auf der Rückfahrt nach Hause gehen mir die Worte nicht mehr aus dem Kopf: Gleichzeitig erschütterst du seinen Lebensmittelpunkt. Darum geht es doch, sage ich zu mir selbst, was Menschen wie Sascha brauchen: ein Zuhause, das ihnen Sicherheit gibt, mit anderen Worten, eine Familie. Denn selbst eine vorzüglich geführte Einrichtung wie in Volmarstein kann nicht immer Beständigkeit bieten. In einer großen Wohngruppe kommt es zwangsläufig zum Wechsel der Bewohner. Menschen wie Sascha reagieren darauf empfindlich. Außerdem habe ich selbst erlebt, wie meine Tage dort mit Arbeit ausgefüllt waren und wie schwierig es war, Zeit abzuzwacken, um nur für den Menschen »da zu sein«. Dieses »Da-Sein« ist so ungemein wichtig, das haben mir meine Besuche bei Sascha jedes Mal aufs Neue gezeigt. Was soll ich tun? Ich bin hin- und hergerissen. Soll ich trotzig entgegnen: »Ihre Meinung ist ja gut und schön, aber Sascha liebt meine Besuche, also blasen Sie mir den Schuh auf?« Oder soll ich zugeben, dass die Dienstleiterin recht hat – und schweren Herzens den Kontakt abbrechen?

In dieser für mich aufwühlenden Zeit gesellen sich kontroverse Meinungen hinzu. Seit Silke gestorben ist, werde ich von vielen Augen beobachtet. Es wurde kritisch gesehen, dass ich nicht zu ihrer Beerdigung erschienen bin. Meine Gründe dafür interessieren keinen. Ich habe meine eigene Trauerfeier für sie abgehalten, ganz so, wie es ihr gefallen hätte: an einem einsamen Strand bei Wind und Wetter, am Ufer des Meeres, das sie so geliebt hat und das doch unerreichbar für sie blieb. Dort fühle ich mich nochmals völlig eins mit ihr – und lege wieder ein kleines Puzzleteil zum Gesamtbild, das Mama Held eines Tages abgeben wird: Wann immer seit dieser Zeit meine Familie vom Tod heimgesucht wird, ist es das Meer, das uns Trost schenkt. Damals spüre ich es zum ersten Mal – mit Silke im Herzen und mit Gischt im Gesicht.

Nicht jeder will das verstehen. Man sieht, dass ich um Silke trauere und man sieht, dass ich mich um Sascha kümmere. Da sind eins und eins schnell zusammengezählt.

»Dieser Sascha«, vernehme ich, »ist doch eine Ersatzbefriedigung für Silke.«

Nicht jede Rechnung ist so einfach, nicht jeder hat die Weisheit mit Löffeln gefressen. Diese Deutungen verletzen mich. Die ganze Welt scheint über mich Bescheid zu wissen. Was ich nie höre, ist die Frage: »Wie geht es dir bei alldem?«

Was also ist die richtige Entscheidung? Ich fühle mich in die Enge getrieben und breche den Kontakt mit Sascha ab. Doch kein Tag vergeht, an dem ich nicht traurig bin. Kein Tag vergeht, an dem ich nicht an ihn denke.

»Wie groß er wohl ist?«, frage ich mich. »Ob er immer noch so gerne Pizza isst?«

Zu dieser Zeit arbeite ich nicht mehr im Seniorenheim, sondern widme mich ganz der Reha-Technik. Rollstühle und andere Hilfen für Kinder mit Behinderung konzipieren und sie damit versorgen, ist mein Job, dem ich jeden Tag mit Freude nachgehe. Mein Chef bekommt mit, dass ich »mit den Leuten kann«, wie er es nennt, und schickt mich immer wieder in den Außendienst. Tatsächlich komme ich mit allen klar. Ich spreche die Sprache der Eltern, der Kinder, der Geschwister, auch der Funktionäre unter ihnen. Ich weiß, wie das Leben mit den ewigen vier Rädern funktioniert. Ich schrecke auch nicht zurück, wenn mich in meinem Betreuungsgebiet zwischen Dortmund, Duisburg und Bochum jemand »frei Schnauze« anredet. Als ich einmal im Gelsenkirchener Stadtteil Schalke, im Schatten des Parkstadions, wo der FC Schalke 04 zu dieser Zeit noch seine Spiele austrägt, einen Kinder-Rollstuhl ausliefere, spricht mich der Vater des gelähmten Mädchens an. Er ist dabei, in seiner Garage an einem Motorrad mit Seitenwagen herumzuschrauben.

»Hömma, was hasse denn da fürn Schopper mitgebracht«, sagt er im schönsten Ruhrpott-Platt und schnappt sich den Rolli. Dann bekomme ich jede Menge gut gemeinte und recht derbe Komplimente, die ich lachend entgegennehme – und ebenso unmissverständlich zurückgebe. Das findet der Mann lustig.

»Hömma, du bist in Ordnung«, verabschiedet er mich.

Ein paar Tage später klingelt das Telefon und seine Stimme dringt an mein Ohr.

»Hömma, ich brauch' noch 'n Rolli für mein Mädchen.«

»Wieso das denn?«

»Ich hab' die Sitzschale rausgemacht und in' Beiwagen geschweißt.«

»Einfach so?«

»Dat ist doch pille-palle. Jetzt kann die Kleine mit Papa Moped fahren. Aber jetzt brauchen wir halt 'n neuen Rolli.«

Für einen Augenblick hört man von mir nichts, so überrascht bin ich.

»Hömma, du machst mir doch keine Fisimatenten? Ein Rolli mehr oder weniger is' doch egal.«

Ich muss lachen. Recht hat der Mann. Wenn er es geschafft hat, seiner Tochter einen bequemen und sicheren Sitz in den Beiwagen des Motorrads zu basteln, damit sie mitfahren kann, soll mir das recht sein.

»Ich bring' ihn, wenn du es schaffst, dass die Krankenkasse ihn bezahlt«, sage ich. »Das heißt, wie viele Beiwagen stehen noch in deiner Garage?«

Nun ist es an ihm, schallend zu lachen. »Hab ich's doch gewusst. Du bist in Ordnung.«

So gehe ich mit allen unseren Kunden um. Wie es in den Wald hineinschallt, schallt es heraus. Meinem Chef fällt das positiv auf. Als er selbst eine Kundenreise unternimmt, will er mich dabeihaben.

»Das ist eine große Einrichtung«, sagt er. »Da ist es wichtig, dass alles passt.«

»Wohin geht's denn?«, will ich wissen.

»Volmarstein«, lautet die Antwort. »Zur Evangelischen Diakonie.«

Mein Herz schlägt höher.

»Die Oberlin-Schule«, fährt er fort. »Da müssen wir eine kniffelige Anpassung vornehmen.«

Seit fünf Jahren bin ich nicht mehr in Volmarstein gewesen. Seit fünf Jahren gibt es keinen Kontakt mehr zu Sascha. Der, da bin ich mir sicher, noch immer in der Oberlin-Schule unterrichtet wird.

»Ach was«, sag ich zu mir selbst, um gleich alle Hoffnungen auf ein Wiedersehen im Keim zu ersticken. »Es gibt über hundertzwanzig Schüler dort.«

Trotzdem bin ich ziemlich wortkarg, als wir uns auf den Weg machen. Das fällt auch meinem Chef auf. Doch was soll ich tun? Ich habe ein mulmiges Gefühl im Magen. Es ist mir zum Weinen, gleichzeitig will ich vor Freude lachen. Wenn Sascha doch der ist, der die kniffelige Anpassung braucht?

Als wir auf dem Parkplatz aus dem Auto steigen, atme ich mehrmals tief durch. Jede Menge Erinnerungen strömen auf mich ein. Ich habe mich so wohlgefühlt hier, zum ersten Mal eigenständig lebend und mit einem Beruf in Kontakt kommend, der mir zur Berufung werden soll. Gleichzeitig fällt mir ein, wie ich nach dem letzten Besuch bei Sascha wie ein begossener Pudel auf genau diesem Parkplatz in mein Auto stieg und daran dachte, ihn wohl nie wieder in meinem Leben zu sehen. Doch wie sagt ein irisches Sprichwort, das ich kürzlich auf einem Kalenderblatt fand: »Der Mensch denkt und plant, Gott lacht.« Und genauso ist es: Als die Physiotherapeutin den Schüler der Oberlin-Schule in die therapeutische Abteilung bringt, ist es Sascha!

Ich sehe ihn an.

Er sieht mich an.

Dann sieht er weg.

Während wir uns um seinen Rollstuhl kümmern, würdigt er mich keines Blickes. Ich kämpfe mit den Tränen. Was für ein großer Junge er geworden ist! Sein Verhalten spricht

eine eindeutige Sprache: »Du hast mich im Stich gelassen.«
Mein Chef spürt die seltsame Stimmung zwischen uns.

»Ist alles in Ordnung?«, fragt er.

»Ja«, sage ich.

»Nein«, füge ich, nun ganz ehrlich, hinzu.

Ich rücke mit der Geschichte heraus. Währenddessen hebe ich Sascha behutsam aus dem Rollstuhl. Er wendet mir sein Gesicht zu und sieht mir in die Augen. Ich setze ihn auf meinen Schoß. Das erste Mal seit fünf Jahren!

»Ich lasse dich nicht mehr allein«, sage ich. »Das verspreche ich dir!«

Wenn es nur so einfach wäre. Ich spreche mit den Verantwortlichen in Volmarstein, mit Christian und mit den Eltern von Sascha. Diese freuen sich sehr über meine Initiative. Auch bei der Diakonie sieht man die Sache mit der Beständigkeit nicht mehr so streng, weil Sascha mittlerweile kein kleines Kind mehr ist. Was den Ausschlag gibt, ist die volle Unterstützung von Christian. Er weiß, dass wir von unserem Wohnort nach Volmarstein hin und zurück 250 Kilometer zurücklegen müssen und dass wir das oft tun werden. Sascha soll von nun an seine Ferien und jedes zweite Wochenende bei uns verbringen. Trotzdem höre ich von ihm kein Wort des Bedenkens. Christian ist der Beweis, dass ein Mensch, der bisher in seinem Leben kaum Berührungspunkte mit behinderten Menschen hatte, deren besonderer Lebensfreude erliegen kann.

»Schatz, bist du fertig?« Obwohl seine Arbeitswoche sehr ausgefüllt ist, kann er es am Samstag kaum erwarten, bis wir uns auf den Weg machen. Bringen wir Sascha danach wieder ins Kinderheim zurück, ist er ebenso traurig wie der Junge und ich.

Ich erinnere mich an die letzten Tage im Oktober 2000. Der Herbst zeigt sich nochmals von seiner allerschönsten Seite. Die Tage sind warm, die Nächte kühl, das Licht liegt golden auf den Laubwäldern des Hensberg, wohin wir mit Sascha einen Ausflug unternehmen. Keiner von uns will zurück zum Kinderheim. Als sich der Abschied nicht länger aufschieben lässt, fängt Sascha herzzerreißend an zu weinen. Auch bei mir und Christian fließen Tränen.

Irgendwann auf der Rückfahrt sagt Christian plötzlich: »Wenn ich Sascha nochmals zurückbringen muss, setze ich mich mit ihm nach Tahiti ab.«

Ich bekomme vor Aufregung Schluckauf.

»Du meinst ...«, beginne ich zögernd.

»Ich meine!«, sagt Christian mit Nachdruck.

Ich bin perplex. Bis zu diesem Moment habe ich nicht daran gedacht, dass es die Möglichkeit geben könnte, Sascha aus dem Heim zu uns zu holen. Wie oft denkt man im Leben, warum ist mir das eigentlich nicht früher eingefallen? Bei mir setzt Christian die Initialzündung. Auf einmal muss ich lachen, weil mich schon jetzt die Vorfreude packt.

»Nach Tahiti«, gluckse ich. »Das sieht dir ähnlich. Mit Sascha ab zu den Hulla-Hulla-Mädchen! Männer-Urlaub, was?«

Zum Glück versteht Christian meinen Humor und steigt auf meine Albernheiten ein. Als wir zu Hause ankommen, sind die Tränen vergessen. Wir haben ein Ziel. Erst als ich das Telefon bereits in der Hand halte, wird mir klar, dass alles am seidenen Faden hängt. Was ist, wenn Saschas Eltern mich fragen, ob ich völlig den Verstand verloren habe?

Mit zitternden Fingern wähle ich die Nummer, die ich schon häufig gewählt habe. Saschas Mama ist gleich am

Apparat, weil ich oft um diese Zeit anrufe, um zu berichten, was wir am Wochenende erlebt haben. Ich bin nicht in der Lage, schön geordnet zu berichten, was ich auf dem Herzen habe. Dazu bin ich viel zu aufgeregt. Zum Glück beginne ich nicht damit, von Christians Fluchtgedanken nach Tahiti zu erzählen. Schon bald fließen auf beiden Seiten des Telefons Tränen. Dann spricht Saschas Mutter die Worte, die alles in Gang bringen, was heute Mama Held ausmacht.

»Weißt du, Kerstin«, schluchzt sie gerührt. »Das habe ich mir so sehr für meinen Jungen gewünscht. So sehr! Aber das gab es ja nicht. Es gab ja nur das Heim! Uns hat nie einer von anderen Möglichkeiten erzählt.«

Ja, denke ich in diesem Augenblick. Für Sascha und Tausende weiterer Kinder bleibt in Deutschland meist nur das Heim. Für sie gibt es selten Pflegefamilien. Will ich Sascha bei mir aufnehmen, muss ich den Lauf der Geschichte ändern. Ich hole tief Luft.

»Ich werde für Sascha eine gute Pflegemutter sein«, sage ich. »Wir werden ihm eine Familie geben.«

DER KAMPF BEGINNT

Große Taten, ohne viel zu reden, wenig haben,
aber alles geben, jeden Tag die Welt ein kleines Stück bewegen
Christina Stürmer, Stille Helden

Ich darf viel von Menschen lernen, die mich auf meinem Lebensweg begleiten. Meine Mutter, mit der ich einige Konflikte austragen musste, brachte mir etwas bei, was bisher in meinem Leben noch keine Notwendigkeit gefunden hat. Das soll sich jetzt ändern – und ich bin meiner Mutter dankbar für diese Lektion. Wann immer sie es mit einem »hohen Tier« zu tun hatte – egal, ob es der Rektor einer Schule war oder ein Amtsleiter – zeigte sie nie Angst. Mit dem Mut einer Löwin ließ sie sich von keinem einschüchtern und war immer bereit zu kämpfen. Ich gebe zu, dass mich das in meiner Kindheit mitunter peinlich berührte, weil es in der Regel ihre eigene Sache war, für die sie beherzt eintrat. Heute kann ich das in einem anderen Licht sehen.

Was sind es glückliche Tage für unsere kleine Familie an diesem Weihnachten im Jahr 2000! Christian, Sascha und ich sitzen vor dem festlich geschmückten Baum. Alles an diesem Abend ist besonders! Allein der Weihnachtsbaum – seit Silke an Heiligabend verunglückte, gab es keinen mehr für mich. Meist beginnt es im September, wenn die ersten Schokoladen-Nikoläuse die Supermärkte erobern, dass sich in mir ein beklemmendes Gefühl breitmacht. Die Weihnachtszeit rückt näher und mit ihr die Erinnerung an Silkes Tod. Dann kommt der Dezember und mit ihm der 1. Advent, 2. Advent, 3. Advent, 4. Advent. Das sind alles wunderbare Möglichkeiten für besinnliche Stunden, doch ich durchlebe an diesen Tagen die furchtbaren Stunden nach dem Unfall immer wieder. Während andere Menschen in dieser dunklen und kalten Zeit des Jahres ihre Wohnungen schmücken und mit Kerzen für warmes Licht sorgen, zieht es mich nach draußen. Oft verbringe ich die Zeit rund um Weihnachten am Meer. Ich schaue hinaus auf die graue und aufgewühlte Wasserfläche und spüre die kalte Gischt im Gesicht. Ich denke an Silke. Ich glaubte nicht, dass ich jemals wieder unter einem Weihnachtsbaum sitzen würde.

Doch genau das tue ich jetzt. Bin überglücklich und kann es selbst kaum glauben! Nein, wir können nicht in die Zukunft blicken. Was immer wir uns vorstellen über die Zeiten, die kommen werden – die Realität sieht anders aus. Die Realität, in der ich mich an diesem ersten Weihnachten des neuen Jahrtausends befinde, hätte ich mir niemals ausmalen können. Auch wenn ich ein Mensch bin, der viel Fantasie besitzt: Dass Sascha hier ist, dass ich einen Weihnachtsbaum gekauft und geschmückt habe, dass wir zusammen feiern – es ist ein Weihnachtsmärchen, das Wirklichkeit geworden ist. Natürlich habe ich eine Pizza gemacht. Sascha haut rein, und wir folgen seinem Beispiel. Ich kann mich nicht erinnern, dass mir eine Pizza jemals so gut geschmeckt hat wie diese Heilig-Abend-Pizza aus dem Jahr 2000.

An diesem Abend und in den kommenden Tagen verdrängen wir alle Gedanken daran, wie es mit unserer kleinen Familie weitergehen wird. Das neue Jahr beginnt mit einem prächtigen Silvesterfeuerwerk. Christian und ich organisieren uns so, dass wir die Arbeit und die Fürsorge und Pflege für Sascha unter einen Hut bekommen. Wir kriegen das hin und ich ertappe mich bei dem Gedanken: »Na, das läuft doch alles wie am Schnürchen.«

Dann öffne ich Ende Januar den Briefkasten und finde darin Post vom Jugendamt. Noch bevor ich den Brief öffne, beschleicht mich ein ungutes Gefühl. Sind die ruhigen Zeiten schon vorbei? Es dauert eine Weile, bis ich Mut gefasst habe, den Umschlag zu öffnen.

»Sehr geehrte Frau Held«, lese ich. Das ist der unverfängliche Teil des Briefes. Was danach kommt, stellt mein Leben auf den Kopf.

In der Sache geht es darum: Saschas Eltern haben einen Antrag auf »Hilfe zur Erziehung« gestellt. So ist es ihnen vonseiten des Amts empfohlen worden. Nun lese ich, dass wir eine Pflegeerlaubnis für Sascha benötigen. Allerdings hätten die leiblichen Eltern kein sogenanntes Erziehungsdefizit. Sascha sei im herkömmlichen Sinn gar nicht erziehungsbedürftig. Die für ihn bisher zuständige Sozialhilfe sei nicht mehr zuständig, da er das Heim der Diakonie verlassen habe. Das Jugendamt habe jedoch noch nie einem Kind mit Behinderung, aus so einem Heim kommend, eine Pflegeerlaubnis ausgestellt.

Falls Sie Schwierigkeiten haben, diesen Worten zu folgen, machen Sie sich nichts draus. An diesem Tag im Januar ergeht es mir auch so. Ich lese den Brief nochmals und dann nochmals, um den Haken an der Sache zu erfassen. Als Christian am Abend nach Hause kommt und ich ihm davon erzähle, fasse ich die Sache auf meine Art zusammen:

»Was das Amt uns sagen will: Wir brauchen eine Pflegeerlaubnis für Sascha. Doch dafür ist keiner zuständig. Weil es so einen Fall noch nie gab.«

Wie soll es jetzt weitergehen? Wie so oft in meiner Kindheit fühle ich mich in einer Sackgasse gefangen. Das eine Amt sagt, wir sind nicht zuständig, und das andere, wir können nichts tun. Trotzdem liegt die Forderung auf dem Tisch: Leute, ihr braucht eine Pflegeerlaubnis.

Ehrlich gesagt, bin ich heute sogar froh darüber, dass ich dieses Durcheinander damals miterlebt habe. Weil ich heute ganz genau nachempfinden kann, wie sich die Familien fühlen, die bei uns um Hilfe nachfragen.

»Was sollen wir bloß tun?«, höre ich dann. Dank meiner langen Erfahrung weiß ich in der Regel, was zu tun ist. Das ist damals leider noch nicht der Fall.

»Was sollen wir bloß tun?«, frage ich selbst. Ich weiß es nicht. Ich kenne niemand, den ich um Rat fragen kann. In dieser schwierigen Situation habe ich das Glück, dass mich Christian voll und ganz unterstützt. Außerdem merke ich, wie mein Kämpferherz erwacht – so, wie ich es bei meiner Mutter erlebt hatte. Und ich profitiere von meinen Erfahrungen auf der Tournee mit Michael Jackson. Dort habe ich von der Pike auf gelernt, was man tun muss, wenn ein Problem auftaucht: Man darf nicht die Hände in den Schoß legen und glauben, das erledige sich von allein. Stattdessen muss man aktiv werden. Man muss zum Telefon greifen und Hinz und Kunz anrufen. Man darf sich nicht abwimmeln lassen. Das ist es, was ich tue: Ich greife zum Telefon und rufe alle möglichen Leute an, um ihnen das Problem zu schildern. Die meisten von ihnen zucken am anderen Ende der Leitung die Schultern. Sie wissen auch nicht, was zu tun ist. Doch einige sagen auch, probiere es doch mal bei ... und nennen mir dazu einen Namen und eine Nummer. Darauf kommt es an! Mit jedem neuen Anruf engt sich der Kreis ein. Mit jedem neuen Anruf nähert man sich dem Menschen, der helfen kann. Diese Erfolgsstrategie ziehe ich immer noch konsequent durch, wenn ich irgendwo nicht weiterweiß. Man darf nur nicht müde dabei werden! Man darf nie aufgeben!

Auf diese Weise höre ich irgendwann den Namen Frauke Zottmann-Neumeister. Ich schreibe ihn auf das Blatt Papier, das neben dem Telefon liegt. Darauf stehen schon viele Namen, jetzt gesellt sich eben ein neuer dazu.

»Versteht viel von Pädagogik«, kritzle ich dahinter, weil ich diese Information noch bekomme. Dann stehe ich auf, recke und strecke mich, kümmere mich um Sascha und bereite das Abendessen vor. Als Sascha ein Nickerchen macht, sagt mir ein Blick auf die Uhr, dass noch zwanzig Minuten bleiben, bis Christian nach Hause kommt. Ich mache einen Tee, dann nehme ich wieder neben dem Telefon Platz. Mal sehen, ob ich die Dame erreiche. Frauke Zottmann-Neumeister. Ich wähle ihre Nummer.

Es wird ein langes Gespräch. An diesem Tag essen Christian und Sascha ohne mich zu Abend, weil ich mit Frauke rede und rede und rede. Sie ist der Volltreffer, sie ist der Sechser im Lotto. Sie ist der Mensch, auf den man trifft, wenn man sich nicht von den unzähligen »Tut mir leid, ich kann Ihnen da leider nicht weiterhelfen« davor entmutigen lässt.

Frauke sagt: »Ich kann noch keine perfekte Lösung bieten. Aber ich habe so eine Idee. Die könnte passen.«

Ich liebe es, wenn Menschen Ideen haben! Ideen bringen

uns voran. Man kann auch Impulse dazu sagen. Der Satz, »Probiere doch das mal aus!«, ist so ein Impuls. Der ist mir hundertmal lieber als der Satz, »keine Ahnung, was du tun kannst«. Klar, beim Ausprobieren kann auch mal was schiefgehen. Doch ohne Impuls, ohne Idee, passiert gar nichts. Wo nichts passiert, herrscht Stillstand. Den gibt es bei Mama Held nicht. Mit Stillstand kann ich nichts anfangen, das war damals nicht anders. Daher glüht mein Ohr am Telefon, als Frauke sagt: »Es geht darum, sonderpädagogische Pflegestellen zu schaffen. Die gibt's nicht, weder bei uns in Nordrhein-Westfalen noch sonst wo in Deutschland. Wenn es gelingt ... tja, dann kann es Pflegefamilien für Kinder mit Behinderung geben, die professionell arbeiten und zu Hause die richtigen Sachen dazu haben. Bedarfsgerechte Ausstattung, wie es so schön auf Amtsdeutsch heißt.«

Während ich immer gespannter zuhöre, geht Frauke ins Detail: »Ich kenne allein im Großraum Düsseldorf so viele schwerstbehinderte Kinder und Kinder mit chronischen Erkrankungen, die langfristig oder dauerhaft nicht bei ihren Eltern leben können, dass sich schon hier die Sache lohnt.«

Ihre Idee, fährt sie fort, ist es, solchen Kindern Geborgenheit in einer Familie zu schenken.

Als ich frage, um was für Kinder es sich handelt, zählt sie auf: »Es sind Kinder mit schweren Hirnschädigungen. Mit Epilepsie oder Tetraspastik, so wie du es mir von Sascha geschildert hast. Es sind Kinder mit Chromosomenanomalien, mit Hör- und Sehbehinderungen, mit geistigen Behinderungen. Manche sind durch Viren erkrankt. Andere haben Krebs.«

In der Evangelischen Stiftung in Volmarstein bin ich vielen Einzelschicksalen von Kindern begegnet, die durch eine Krankheit schwere Behinderungen davongetragen haben. Hydrozephalus, bei der man umgangssprachlich vom Wasserkopf spricht, war darunter, oder Spina-bifida, der offene Rücken. Neu ist mir die erschreckende Häufigkeit schwerer Behinderungen von Kindern durch Alkoholembryopathie.

»Wenn schwangere Mütter Alkohol trinken, kann es zu einer ganzen Reihe vorgeburtlich entstandener Schädigungen kommen«, sagt Frauke. Weder sie noch ich ahnen, wie sehr uns diese Sache, die man mittlerweile als Fetales Alkoholsyndrom (FAS) bezeichnet, in den folgenden Jahren beschäftigen wird.

»Ich will«, fährt sie fort, »dass Familien, die diese Kinder bei sich aufnehmen, dafür qualifiziert sind.«

Dann fügt sie hinzu: »So wie du.«

In gewisser Weise ist das eine Selbstverständlichkeit. Ich weiß, dass es nicht einfach ist, damit Sascha in unserer Familie leben kann. Doch Frauke wird deutlicher.

»Natürlich, die Liebe zu den Kindern ist das Wichtigste«, sagt sie. »Dazu braucht es noch pflegerische, medizinische, pädagogische und psychologische Qualifikationen.«

»Klar, du hast recht«, würde ich heute sagen, weil ich weiß, was man mit behinderten Pflegekindern Tag und Nacht zu leisten hat. Damals am Telefon sieht die Sache anders aus. Ich werde immer stiller, weil ich auf einmal denke: Um Himmels willen, kann ich das Sascha denn bieten? Wenn das die Voraussetzungen sind, werden die Ämter doch niemals einverstanden sein!

Frauke hat nicht im Sinn, mich abzuschrecken. Sie weiß aber, dass es wichtig ist, von Anfang an die Karten auf den Tisch zu legen. Die Betreuung, die Pflege und die Erziehung eines unheilbar kranken Kindes mit schwerer Behinderung ist keine Sache, die man nebenbei erledigt.

Sie kostet nicht nur Zeit und Geld, sondern bringt einen auch mal kräftemäßig an die Grenzen. Emotional ist die Beanspruchung hoch, was eine Belastung für die ganze Familie werden kann. Aus diesem Grund schwebt Frauke vor, dass ein solides Netzwerk aus Fachkräften diesen Familien zur Seite steht. Wie intensiv sie sich schon mit der ganzen Sache auseinandergesetzt hat, wird mir bewusst, als sie zum Abschluss unseres Telefonats sagt: »Es geht mir darum, dass Pflegefamilien langfristig in der Lage sind, diesen Kindern den Schutz und das Wohlbefinden einer Familie zu bieten. Das kriegen wir hin, wenn alle an einem Strang ziehen. Damit meine ich, von der Zusammenarbeit mit den Ämtern über die Beschaffung von Reha-Mitteln bis zur finanziellen Ausstattung.«

Christian hat Sascha längst ins Bett gebracht, als ich den Hörer auflege. Ich schaue nochmals nach dem Jungen, dann setze ich mich aufs Sofa. Christian bringt einen frischen Tee – meiner ist kalt geworden in der Tasse. Vor lauter Zuhören bin ich gar nicht zum Trinken gekommen.

»Jetzt bin ich aber gespannt«, sagt Christian. »Ich schätze mal, der Papst war's nicht und der Kanzler auch nicht.«

Ich muss lachen, das tut gut. Auf der einen Seite haben mir Fraukes Optimismus und Energie einen Schub versetzt. Auf der anderen Seite wird mir von Minute zu Minute mehr klar, was für ein langer Weg vor uns liegt. Um aus Fraukes Idee Realität werden zu lassen, gibt es eine Menge zu tun. Doch wie heißt es so schön? Jede lange Reise beginnt mit dem ersten Schritt.

Den mache ich, indem ich Christian alles erzähle. Er ist ein guter Zuhörer und unterbricht mich nur, wenn ich vom Hölzchen aufs Stöckchen komme. Tatsächlich ist es nicht leicht, auf einen Nenner zu bringen, was als Nächstes zu tun ist.

»Es geht darum, dass das eine Amt sagt: Eigentlich könnte Sascha im Heim bleiben. Dort hatte er es nicht schlecht«, versucht sich Christian an einer Zusammenfassung.

»Richtig«, sage ich. »Nur dass er dort nicht die vielen Vorteile einer Familie genießt.«

»Dann kommen wir«, spinnt Christian den Gedanken weiter, »nehmen ihn bei uns auf, um ihm diese Familie zu geben. Da sagen die Ämter: Das geht nicht ohne Weiteres. Ihr habt dazu keine Erlaubnis.«

»Keine Pflegeerlaubnis, so heißt es«, bringe ich die Sache auf den Punkt.

»So eine Erlaubnis könnte man aber kriegen, wenn man nachweisen kann, dass man zu dieser Pflege befähigt ist?«, fragt Christian. »Ist es so?«

»Theoretisch schon«, erwidere ich. »Jetzt stellt sich aber heraus, dass es diesen Fall in Deutschland noch nie gab. Bisher sind für behinderte Kinder allein die Sozialämter zuständig.«

»Finde ich ganz schön erstaunlich.« Christian sieht mir in die Augen und lächelt. »Sieht so aus, als wären wir ein Präzedenzfall.«

Um ehrlich zu sein, weiß ich nicht, ob ich das überhaupt sein will. Im Augenblick wäre mir nichts lieber, als alle nötigen Nachweise auf dem schnellsten Weg zu erbringen, damit die Sache erledigt ist. Ich seufze.

»Wir haben das Kind, aber keine Zuständigkeit, und Frauke hat eine Idee, die zu uns passen könnte. Das ist die Erkenntnis des Abends.« Ich gähne. »Die andere ist, dass ich hundemüde bin. Heute kriegen wir nichts mehr gebacken. Mal sehen, was der Tag morgen bringt.«

Anstatt sich gedanklich ewig im Kreis zu drehen, ist es manchmal besser, über eine Sache zu schlafen. Der Brief vom Amt hat uns einen gehörigen Schrecken eingejagt. Ich weiß nicht, ob ich schlafen kann, Müdigkeit hin oder her. Ich habe Angst, dass man uns Sascha wegnimmt, und im Moment gibt es nur ein kleines Licht am Ende des Tunnels. Doch ich bin bereit, auf dieses Licht zuzugehen. Dazu ist es sicher besser, ausgeschlafen zu sein.

⎮ Jonathan wird per Magensonde ernährt.

2 Vortrag beim Bundesverband für behinderte Pflegekinder e.V. in der Berliner Stadtmission.

3 Kerstin Held hilft Richard aus seiner Jacke.

4 Richard hat durch seinen notwendigen Sauerstoffschlauch nur 15 Meter eigenständigen Lebensraum.

5 Kurz vor dem Mittagsschlaf.

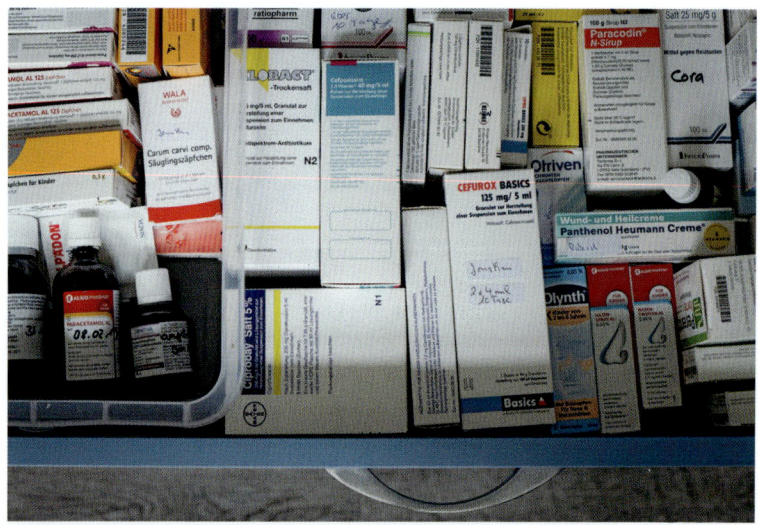

6 Eine der Medikamentenschubladen im Hause Held.

7 Richard spielt mit einer Holzbahn in seiner Spielecke.

8 Das Auto von Familie Held wird für einen Ausflug gepackt.

9 Mit Cora an einem norddeutschen Strand.

10 Ausflüge ans Meer sind für alle ein Erlebnis.

‖ Anna dreht das Karussell an, Richard, Cora, und Erik kreischen vor Freude.

12 Nach dem Ausflug ans Meer gibt es erst mal eine Dusche. Kerstin Held kämmt Cora die Haare.

13 Im Garten des Helden-Hauses.

14 Erik möchte nochmal kuscheln.

15 Tägliches Wäschefalten im Lager und Waschraum – hier fallen jeden Tag 16 kg Wäsche an.

16 Vier Kinder benötigen unterschiedliche Fortbewegungsmittel. Es gibt Rollstühle und Kinderwägen je nach Bedarf. Coras Rollstuhl wurde mit dem Bild der Sängerin Sarah Connor verziert.

17 Spaziergang mit Hund Greta durch die norddeutsche Landschaft.

18 Im Wohnzimmer, beim Spielen. Pfleger Andreas baut mit den Kindern einen Turm.

19 Jeden Abend kocht Kerstin Held für ihre Kinder und ihr Pflegeteam.

20 Emma nimmt Richard liebevoll auf den Arm. Emma verbringt oft ihre Ferien bei Kerstin Held und hilft liebevoll mit, wo immer sie kann. Ihre kleine Schwester Lotta, die vor Jahren verstarb, war ein Pflegekind von Kerstin Held.

21 Kerstin Held mit Jonathan. Jonathan spricht nicht, reagiert aber auf vertraute Menschen um ihn herum.

UND WAS IST MIT EIGENEN KINDERN?

Ich will mich nicht nach Rechtfertigungen umsehen.
Ich stell nur fest, und ich beschönige nichts daran.
Reinhard Mey, All' meine Wege

»Was? Moment mal! Nochmals langsam zum Mitschreiben!«

Das ist mir so rausgerutscht. Ich hätte auch sagen können: »Das gibt's doch gar nicht!«

Oder: »Deutschland, im Jahr 2000, und dann so was? Ich kann's nicht glauben! Ich will es nicht glauben!«

Mit anderen Worten: Ich bin aufgebracht. Was ich von Frauke erfahre, halte ich für ein Armutszeugnis für unser Land.

Frauke und ich haben uns inzwischen persönlich kennengelernt. Die energische Frau am Telefon voller Ideen entpuppt sich in der Realität als energische Frau voller Ideen. Wir verstehen uns von Anfang an. Ich erzähle ihr von meinen Erfahrungen mit behinderten Kindern, sie erzählt mir von sich. Frauke leitet den Adoptivkinderdienst der Diakonie Düsseldorf und kann auf einen reichen Schatz an Erfahrungen zurückblicken. Weil sie immer wieder die positiven Seiten von Familienzuführungen erlebt, weckt es in ihr den Wunsch, Ähnliches auch behinderten Kindern zu bieten.

»Seither arbeite ich an diesem Konzept«, sagt sie mir. »Kinder mit Behinderungen sollen auch erfahren, was es heißt, in einer Familie gut versorgt zu werden. Der Knackpunkt ist, diese Familien dafür adäquat auszustatten.«

Sie verrät mir, dass der Vorstand der Diakonie bisher noch nicht viel von ihrer Idee hält.

»Es fehlt mir bisher ein praktisches Beispiel«, sagt sie. »Daher kommst du gerade richtig.«

Ich bin immer noch ziemlich aufgebracht. Gerade hat mir Frauke nochmals haarklein erläutert, dass es in Deutschland für dieses Konzept keinerlei rechtliche Grundlage gibt. Das kann ich kaum glauben!

Der Satz, der mir gerade besonders sauer aufstößt, lautet: »Wenn Pflegefamilien Kinder mit Behinderung aufnehmen wollen, befinden sie sich sofort in einer rechtlichen Grauzone.«

Ich habe eine Angewohnheit, kompliziert klingende Dinge so zu formulieren, dass jeder sie versteht. Damals spreche ich zum ersten Mal diese Worte aus, die mich viele Jahre lang begleiten sollen.

»Ein behindertes Pflegekind aufzunehmen ist also wie Auto fahren ohne Führerschein?«

Frauke nickt. »Kann man so sagen.«

»40 Millionen Autos wird's ja wohl geben in Deutschland«, schätze ich. »Wie schnell würde wohl der Gesetzgeber reagieren, wenn die alle ohne die nötigen Papiere gefahren werden?«

»Ziemlich schnell.«

»Raketenmäßig schnell!«

Wir lachen, werden aber gleich wieder ernst.

»Bei uns wird es wahrscheinlich nicht so schnell gehen«, mutmaße ich.

Zum Glück weiß ich nicht, wie sehr ich da recht behalten werde. Frauke und ich haben einen Plan geschmiedet. Der lautet: Kerstin, Christian und Sascha werden Deutschlands erste sonderpädagogische Pflegestelle. Weil ich daran glaube, dass man Menschen durch gute Argumente überzeugen kann, war es einfach wichtig, Ross und Reiter zu nennen. Mit einer sonderpädagogischen Pflegestelle erhält man einen bestimmten Status sowie bestimmte Leistungen. Natürlich erhalten wir sie nicht, weil ja keiner für uns zuständig ist. Trotzdem: der erste Schritt ist getan.

Um ihre Idee der sonderpädagogischen Pflegestellen zu stärken, nimmt Frauke Kontakt zum Bundesverband behinderter Pflegekinder auf. Der Verband hat selbst schon einige Male Vermittlungshilfe geleistet bei Familien, die bereit waren, ein Kind mit Behinderung aufzunehmen. Frauke kommt mit ihrem Konzept gerade richtig, denn es gibt einen Leidensdruck auf allen Seiten. Auch die Ämter sind in Not. Überall in Deutschland liegen behinderte Kinder in Kliniken und sollen entlassen werden, und keiner weiß so richtig, was zu tun ist. Nachdem der Bundesverband und Frauke zusammenarbeiten, werden im Jahr 2001 zehn weitere Familien als sonderpädagogische Pflegestelle anerkannt. Trotzdem wird um jedes Kind verhandelt wie auf einem Basar. Manche Amtsleitungen stellen sich weiterhin quer. In dieser Zeit wird die »Goldene Regel« formuliert: Nehmt niemals ein Kind mit nach Hause, bevor nicht alle Unterschriften getätigt sind. Diese Regel ist heute noch gültig. Kürzlich leistete unser Verband die Vermittlungshilfe für ein Kind. Mündlich war alles geklärt. Die Eltern nahmen das Kind auf, als die Amtsleitung einen Anfall von Amnesie erlitt und sich an keine Abmachung mehr erinnerte. Die Eltern standen buchstäblich im Regen und baten dringend um unsere Hilfe. Natürlich klemmen wir uns dann ans Telefon und probieren alles, um doch noch ein gutes Ende herbeizuführen.

In der Zwischenzeit geht das ganz normale Leben weiter. Sascha fühlt sich wohl bei uns. Seit er hier ist, kann ich mich auch besser seiner Erziehung widmen. Das ist auch so ein Thema, was mich tagtäglich umtreibt.

»Wie, Erziehung?«, höre ich oft. »Schwerbehinderte brauchen doch keine Erziehung. Ist nicht Pflege und Versorgung viel wichtiger?«

Wenn man Mama Held mal so richtig in Rage bringen will, dann lässt man in ihrer Gegenwart so etwas vom Stapel! Es erschreckt mich, wie selbst intelligente Menschen den erzieherischen Bedarf bei einem schwerstmehrfachbehinderten Kind nicht sehen.

»Dieses Kind tut doch nichts«, sagte kürzlich ein Mann mit einem Professoren- und zwei Doktortiteln zu mir.

Ein anderes Mal heißt es: »Das macht der doch nicht mit Absicht.«

Das höre ich von einer Frau, als ich Jonathan schimpfe, weil er sich gerade in einen Wutanfall hineinsteigert.

»Doch!!!«, antworte ich, und die Ausrufezeichen sind deutlich zu hören. »Gerade diese besonderen Kinder brauchen neben fürsorglicher Pflege eine verlässliche Erziehung!«

Die Regel heißt schlicht und einfach: Pflege ersetzt Erziehung nicht. Beide Aufgaben ergänzen sich. Meine Kritikerin sieht das anders und schüttelt unwillig den Kopf.

»Ich finde, Sie übertreiben«, sagt sie.

»Tue ich das wirklich?«, gebe ich zurück. »Haben Sie Kinder?«

»Einen Sohn. Und eine Tochter.«

»Ich nehme an, es ist für Sie selbstverständlich, dass Sie Ihre Kinder erziehen?«

»Das steht ja wohl außerfrage.«

»Sie bringen ihnen also bei, wie man sich die Zähne putzt? Wie man sich die Schuhe bindet? Nein, das Oberteil hast du falsch herum, die Knöpfe gehören nach vorne. Nimm bitte dein Deo, ja? Wir essen nicht mit den Fingern, sondern mit Messer und Gabel ...«

»Auf was wollen Sie hinaus?«

Ist das denn so schwer zu verstehen? Offensichtlich ja.

»Diese Erziehungsaufgabe«, sage ich mit Nachdruck, »dürfen wir bei Menschen mit Behinderung nicht aufgeben. Es dauert vielleicht länger. Es klappt möglicherweise nicht so gut. Man wird Hilfe brauchen. Aber die Erfolge stellen sich ein! Dem Menschen mit Behinderung, der eine gute Erziehung genossen hat, wird es in seinem Leben besser ergehen. Glauben Sie mir das?«

Die Frau lässt sich meine Worte durch den Kopf gehen. »Ich kann mir vorstellen, dass Sie recht haben«, sagt sie.

Mit guten Argumenten kann man Menschen überzeugen. Mit echten Beweisen geht es noch besser. Sascha ist der erste von meinen Pflegekindern, mit dem ich erzieherisch arbeiten kann – und muss. Er weiß genau, was er will, und hat einen Dickkopf. Meine erzieherischen Kompetenzen sind gefragt. Die habe ich auch schon in Volmarstein eingebracht, nur musste ich dort meine Aufmerksamkeit auf alle verteilen und war im Grunde genommen selbst noch ein Kind. Es gehört zum Vorteil der Familienunterbringung, dass jedes Kind mehr Anteilnahme bekommt. Die Fortschritte, die Sascha macht, sind groß. Auch wenn er manchmal gehörig meine Geduld strapaziert, zeigt er von Tag zu Tag, warum sich Erziehung lohnt. Leben Menschen unter demselben Dach, leben sie besser, wenn alle die herrschenden Regeln kennen. Wer glaubt, dass schwerst mehrfachbehinderte Kinder diese nicht verstehen, irrt gewaltig.

Zum normalen Leben gehört auch, was zwischen Christian und mir geschieht. Wir ziehen beide so viel Kraft aus unserer kleinen Familie, dass ich nicht überrascht bin, als in Christian eines Tages der Wunsch nach einem eigenen Kind aufkommt. Der liegt nahe und entspricht auch dem, was ich heute als Vorsitzende des Bundesverbandes behinderter Pflegekinder nach außen trage: Geschwister können dazu beitragen, das besondere Kind zu unterstützen und zu fördern – wenn wir aus ihnen keine Funktionärskinder machen, wie es mir passiert ist.

Ich schätze mich glücklich, dass wir in Deutschland mittlerweile so viele hervorragende Einrichtungen und Kliniken haben. Auf meinen Reisen bekomme ich immer wieder mit, in was für einer bevorzugten Lage wir uns befinden. Allen Unkenrufen zum Trotz haben wir eine Versorgungssituation, die es nicht oft gibt in dieser Welt. Trotzdem ist es noch immer so, dass Kinder, die aus unterschiedlichen Gründen nicht bei ihren leiblichen Eltern aufwachsen können, und Kinder, die behindert, chronisch krank oder auffallend verhaltensoriginell sind, keine feste Bezugsperson bekommen. Die engagierte Ärztin und der engagierte Arzt, die hoch motivierte Pflegerin und der hoch motivierte Pfleger – ich kenne viele von ihnen und ich würde ihnen am liebsten täglich für ihr Engagement danken. Oft sind sie die unbemerkten Helden unserer Gesellschaft, deren Lied keiner singt. Was sie jedoch neben ihrem großen Einsatz auch noch eint, ist, dass sie nach der Arbeit einen verdienten Feierabend genießen. Für die besonderen Kinder, die dann zurückbleiben, ist das eine große Belastung. Ihre Bezugsperson geht nach Hause und kommt erst nach nicht enden wollenden Stunden wieder. Vielleicht geht die Bezugsperson auch in Urlaub, wer will es ihr verdenken? Für besondere Kinder brechen dann harte Zeiten an. Was sie benötigen und wünschen, sind feste Bezugspersonen, die bleiben. Das können Pflegefamilien sein, in denen die Kinder nicht nur versorgt, sondern angenommen und geliebt werden – und zwar auf Dauer.

Als Christian jetzt davon spricht, ob ein eigenes Kind abwegig sei, geht mir all das wild und wirr durch den Kopf. Eine Sache, die mich dabei umtreibt, ist die Krankheit von Silke. Sie heißt spinale Muskelatrophie, was man umgangssprachlich Muskelschwund nennt. Unter 10.000 Neugeborenen tritt diese Krankheit einmal auf. Was dabei passiert, ist, dass motorische Nervenzellen im Rückenmark nach und nach absterben. Deshalb werden Impulse nicht mehr an die Muskeln weitergeleitet. Anhand der Schwere der Krankheit werden vier Typen von Muskelschwund unterschieden. Beim Typ 4 und Typ 3 spricht man davon, dass die Lebenserwartung nicht eingeschränkt und ein Gehen ohne Hilfe möglich ist. Typ 2 ist schwerer betroffen, während Typ 1 die schlimmste Ausformung der Krankheit bedeutet. Schaut man in den gängigen Foren nach, steht dazu geschrieben: »Das freie Sitzen wird nie erlernt.«

»Die Erkrankung beginnt bereits im Uterus oder während der ersten 3 Lebensmonate.«

»Der Tod tritt meist in den ersten beiden Lebensjahren durch Ateminsuffizienz oder Infektion ein.«

Jeder kann sich vorstellen, was für einen Schock es bedeutet, wenn der Arzt verkündet: »Tut mir leid, aber Ihr Kind leidet unter spinaler Muskelatrophie Typ 1. Ihre Tochter wird nicht älter als vier Jahre.«

Das bekam meine Mutter zu hören. Ich habe später oft darüber nachgedacht, was diese windige Prognose bei uns allen angerichtet hat. Dabei wusste man damals noch nicht viel über den Muskelschwund. Dass der Krankheit ein Gen-Defekt zugrunde liegt, fand die Wissenschaft später heraus. Wie sich herausstellte, wurde Silke durch ihren eigenen Willen auch viel älter, als man prognostiziert hat. Doch die Ankündigung des frühen Todes durch den Arzt hing immer wie ein Damoklesschwert über unserer Familie.

Als ich daheim ausziehe, gehe ich der Sache auf den Grund. Vor Silke existiert in meiner Familie keine Muskelatrophie, finde ich heraus. Ein Spezialist erklärt mir, dass wahrscheinlich zwei gesunde Erbträger aufeinandertrafen.

»Für Sie ist es wichtig zu wissen«, fährt er fort, »dass Sie aus diesem Grund ebenfalls Erbträgerin sind. Mit 50 Prozent Wahrscheinlichkeit bringen Sie ein Kind mit Muskelatrophie auf die Welt.«

Habe ich bis zum Zeitpunkt, als Christian mich fragt, ob wir ein Kind haben wollen, diese schmerzliche Tatsache verdrängt? Sie stand jedenfalls nicht auf meiner Tagesordnung. Nun kann ich der Frage nicht mehr ausweichen, wie ich mich entscheiden soll.

Was für eine enorme Last auf einem Menschen liegt, der mit solch existenziellen Fragen konfrontiert wird! Will ich die Verantwortung tragen, wenn unser Kind dieselbe Krankheit wie Silke bekommt? Ich kenne diese heimtückische Krankheit und ihre üblen Folgen nur zu gut! Sie schafft große Belastungen! Ich weiß aber auch, wie wertvoll das Leben für Silke war. Wie wertvoll Silke selbst war! Wer sind wir, darüber zu bestimmen, ob dieses Leben stattfinden darf oder nicht?

Ich schreibe diese Sätze in meinem Hotelzimmer in Berlin. Dieses Wochenende haben wir wieder eine Arbeitssitzung zur Reform der Kinder- und Jugendhilfe im Bundesministerium für Familie, Senioren, Frauen und Jugend. Ein paar Kilometer weiter, am Brandenburger Tor, versammelt sich eine Gruppe Demonstranten. Es sind nicht viele, trotzdem fallen sie auf, denn es sind vor allem Menschen mit Trisomie 21, dem sogenannten Down Syndrom. Sie halten Schilder in die Höhe, auf denen zu lesen ist: »Inklusion statt Selektion«.

»Wer steht als Nächster auf der Abschussliste?«

»Mit dem Bluttest gäbe es mich nicht!«

Darum geht es ihnen: Der Gemeinsame Bundesausschuss der Ärzte und Krankenkassen entscheidet darüber, ob Pränataltests auf Trisomie 21 künftig von den Krankenkassen bezahlt werden. Bislang müssen Schwangere die Kosten für den Test selbst tragen, während die Fruchtwasseruntersuchung oder die Plazentapunktion bereits von den Kassen getragen werden. Schon heute ist die Abtreibungsquote beim Down Syndrom hoch: Neun von zehn Kindern mit dieser Diagnose, schätzt das Deutsche Down-Syndrom InfoCenter, kommen nicht zur Welt. Zahlen die Krankenkassen den Test, so die Befürchtung, wird sich die Quote weiter verschlechtern.

Ich habe dieses Kapitel noch nicht zu Ende geschrieben, als die Entscheidung auf dem Tisch liegt: Von nun an ist der nicht invasive Bluttest zur Diagnose von Trisomie im

Leistungskatalog der Krankenkassen enthalten. Jetzt liegt es allein an den werdenden Eltern, um zu entscheiden: Abtreibung ja oder nein? Ich habe meine eigene Sicht auf diese Frage, die natürlich eng mit dem verbunden ist, was ich tue und was mich heute ausmacht. Warum soll ein Kind mit einer Behinderung kein Lebensrecht haben? Ich kann nicht mehr mitzählen, wie oft ich im Supermarkt oder anderswo in der Öffentlichkeit zu hören kriege, wenn ich mit einem meiner Kinder unterwegs bin: »So etwas muss es doch heute nicht mehr geben!«

Schon allein der Ausdruck »So etwas« ist zutiefst diskriminierend. Und dann der Satz, mit seiner ganzen lebensfeindlichen Wucht: Ja, es stimmt, das ungeborene Kind hat keine Rechte. Es darf Drogen, Nikotin und Alkohol ausgesetzt werden, und es darf auch getötet werden. Menschen, die mir und vielen anderen Eltern mit behinderten Kindern ihr »so etwas muss es doch heute nicht mehr geben!« ohne rot zu werden ins Gesicht sagen, haben sich dafür entschieden, Menschen auszusortieren, die sie für nicht lebenswürdig halten. Ich kann mir nicht helfen, aber das erinnert sehr an nationalsozialistisches Gedankengut. Ich kann dem nur eines immer wieder entgegenhalten: Ich weiß aus langer Erfahrung, wie wunderbar unsere behinderten Kinder sind. Wie viele Gaben sie besitzen, die uns »Normalos« oft staunend die Augen öffnen. Wie viel diese Kinder uns schenken – zum Beispiel die Gabe, in der Gegenwart zu leben! Die Schönheit der Welt zu sehen! Zu lächeln, selbst unter Schmerzen! Während ich das schreibe, denke ich an den kleinen Luca zurück. Er hat ein sogenanntes Schütteltrauma. Seine überforderten Eltern haben ihn schwer geschüttelt. Als ich mich um ihn bemühe, sind seine Rippen gebrochen. Durch das Schütteln ist das Gehirn angeschwollen und hat die Schädelnähte zum Platzen gebracht. Darüber lese ich in einer Akte der Vermittlungshilfe des Bundesverbandes behinderter Pflegekinder. Ich zerbreche mir den Kopf, ob und wie ich Luca vermitteln kann, bis ich ihn selbst kennenlerne. Das ist in einer Familie, die ihn aufgenommen hat. Ein Arzt hatte vorher gesagt, bei diesem Kind ist kein Großhirn mehr da. Ich beuge mich über den Kleinen und schaue direkt in seine Seele. Diese Kinder sind Seelenfänger. Diese Kinder lügen nicht, betrügen nicht, sind immer aufrichtig. Sie sind intuitiv, sie sind rein in ihrem Sein. Und so wird Luca mein Seelenbaby.

Ja, ich trete vehement dafür ein, dass Kinder mit Behinderungen dieselben Lebenschancen haben. Ich will, dass sie eine Familie bekommen. Meine Frage ist: Sollen wir vorsätzlich ein weiteres Kind mit Behinderung auf die Welt bringen? Oder ist es nicht besser, den Kindern eine Chance zu geben, die schon da sind und Hilfe brauchen? Dazu kommt noch eine Sache, die mir keine Ruhe lässt: In meiner frühen Jugend wurde ein älterer Junge übergriffig. Sein Missbrauch hat bei mir ein Trauma ausgelöst.

Wir wissen nicht genau, wie viele Menschen sexuellen Missbrauch erfahren. 2018 wurden in Deutschland 13.683 Fälle polizeilich erfasst, bei denen Kinder das Opfer von sexuellem Missbrauch waren. Die Dunkelziffer liegt wahrscheinlich höher. Einig sind sich alle Experten darüber, dass sie sehr hoch ist. Die Weltgesundheitsorganisation (WHO) geht für Deutschland von einer Million betroffener Mädchen und Jungen aus, die sexuelle Gewalt erlebt haben oder erleben. Umgerechnet auf eine Schulklasse sind das ein bis zwei betroffene Kinder. In all diesen Zahlen nicht enthalten sind die mannigfaltigen Formen sexuellen Missbrauchs, die über den erzwungenen Geschlechtsverkehr hinausgehen.

Nützt mir das Wissen, dass ich nicht allein bin? Ich gehöre nicht zur Dunkelziffer, weil mein Fall polizeilich erfasst wurde und der Täter eine Jugendstrafe bekam. Die Folgen wiegen schwer. Christian weiß, was damals passiert ist, und nimmt Rücksicht. Doch wenn jetzt die Karten neu gemischt werden, weil wir ein Kind wollen – was ist, wenn es nicht auf Anhieb klappt? Was ist, wenn wir »viel üben« müssen, wie man das so gerne flapsig sagt? Ich habe auch in dieser Beziehung kein Geheimnis daraus gemacht, dass Männer nicht zu meinen ersten Wahlpartnern gehören, zu denen ich mich hingezogen fühle. Als ich meinen besten Freund heiratete, war ich mir sicher: »Das bisschen Bettgeflüster kriege ich hin, denn ich liebe ihn!« Viele lesbische Frauen sind diesen Weg gegangen und haben nicht selten dadurch einen guten Freund verloren. Auch Christian und ich lieben uns von ganzem Herzen und sind gleichzeitig die besten Freunde. Wir können miteinander lachen, weinen und albern sein. Einmal arrangiere ich für Christian einen stilechten Kindergeburtstag – weil ich weiß, dass er sich das wünscht. Nachts stehe ich auf und schmücke die Wohnung mit Ballons und Girlanden, backe einen Schokokuchen, streue Konfetti und habe Kerzen parat. Als Christian morgens aufwacht, ist die Überraschung perfekt und seine Freude riesengroß. So machen wir uns gegenseitig das Leben schön. Für mich kann das so weitergehen. Für Christian fehlt etwas – die sexuelle Beziehung und die eigenen Kinder.

Ich werde oft gefragt: Sind deine Pflegekinder deine eigenen Kinder? Meine Antwort ist: Ich begleite sie als ihre

Mama durchs Leben. Sie bleiben bei mir, bis sich unsere Wege trennen: manchmal durch den Tod, manchmal durch eine individuelle Entwicklung – und manchmal trennen sich diese Wege auch gar nicht, zumindest nicht bis heute. Alle diese Kinder haben eine Bauchmama – so nenne ich die leibliche Mutter der Kinder. Wenn ein Kind so weit ist, mache ich ihm den Unterschied klar. Manche lernen ihre Bauchmama kennen, manche nicht. Es gibt so viele unterschiedliche Geschichten, wie es Kinder gibt. Allen gemeinsam ist: Solange sie bei mir leben, fühle ich für sie wie eine Mama für ihre Kinder.

»Sie haben das Kind ja gar nicht unter dem Herzen getragen.« Diesen Satz kriege ich nach dem Tod eines der Kinder zu hören. Was will die Frau, die ihn ausspricht, mir damit sagen? Sei nicht traurig, weil du das verstorbene Kind nicht geboren hast? Ist es als Vorwurf gedacht, weil ich nicht die leibliche Mutter bin? Ich stehe oftmals fassungslos solchen Aussagen gegenüber. An diesem Tag, daran erinnere ich mich gut, bin ich in der Lage, ganz ruhig zu antworten: »Stimmt, das habe ich nicht. Aber ich trage es in meinem Herzen, und zwar für immer.«

Das ist die Antwort auf die Frage: Ich bin nicht die Bauchmama, ich bin die Herzmama.

Die Bauchmama kann ich nicht sein, auch für Christian nicht. Doch was ist es für eine Wohltat, so einen verständigen Partner zu haben. Obwohl ich ihm seinen Herzenswunsch nicht erfüllen kann, obwohl es sein kann, dass unser Zusammensein daher nicht ewig währt: Er ist trotzdem immer da, für mich, für Sascha – und für Paul. Paul kommt ein Jahr nach Sascha in unsere kleine Familie. Pauls Geschichte ist der Grund, warum das Fetale Alkoholsyndrom bis heute meine besondere Aufmerksamkeit bekommt. Durch ihn habe ich unendlich viel gelernt und auch lernen müssen. Über die Frage unserer eigenen Familienplanung ist Zeit ins Land gegangen, in der Frauke und ich in der Angelegenheit Sonderpädagogische Pflegestellen nicht untätig geblieben sind. Wir lernen tagtäglich voneinander. Wir setzen Briefe auf und schicken sie an die Chefs und Chefinnen zahlreicher Ämter. Wir setzen diesen Amtsleitern Fristen. Wir probieren es mit der Hilfe eines Anwalts. Wir reichen Klage vor Gericht ein. Wir treten auf der Stelle und haben trotzdem das Gefühl, voranzukommen. Denn wir glauben an das Motto »Steter Tropfen höhlt den Stein«.

Während ich das schreibe, blicke ich vom Computer auf und aus dem Fenster. Draußen scheint die Sonne, trotzdem fällt aus irgendeiner Wolke ein leichter Sprühregen. Typisches Wesermarsch-Wetter, denke ich. Ich öffne das Fenster und schaue hinaus. Wie ich es gedacht habe, leuchtet ein strahlender Regenbogen über den ganzen Himmel. Cora wird eine Riesenfreude haben, denke ich. Sie liebt Regenbögen! Die Kinder sind heute auf dem Pferdehof und ich habe noch etwas Zeit, um weiterzuschreiben. Schnell laufe ich nach unten und koche mir einen Tee. Währenddessen kommt mir dieser Gedanke in den Sinn: Wahrscheinlich war es genau zu der Zeit, als Frauke und ich viel probieren und wenig erreichen, dass ich zum ersten Mal daran denke, selbst in die Politik zu gehen.

Wie alt war ich noch mal?, frage ich mich. Fünfundzwanzig, sechsundzwanzig Jahre? Ich bin zu dieser Zeit Ergotherapeutin, die Leute, mit denen ich es zu tun kriege, sind Juristen. Sie haben an Verwaltungsakademien studiert, tragen Doktor- und Professorentitel. Manchmal fühle ich mich ihnen gegenüber »so klein mit Hut«. Dann denke ich an den Löwenmut meiner Mutter, wann immer sie einem »hohen Tier« den Marsch geblasen hat. Es sind zwei Erkenntnisse, die sich in dieser Zeit bei mir festsetzen: Ich muss lernen, wo ich den Hebel ansetzen kann. Man kann endlos viel Zeit vergeuden, solange man mit den falschen Leuten spricht. Trifft man auf die Menschen, die Entscheidungen fällen können, passiert oft vieles ganz schnell. Außerdem brauche ich mehr Detailwissen. Meine Argumente müssen mit Fakten unterfüttert sein. Emotionen allein genügen Juristen und Verwaltungsfachleuten nicht. Wenn einer von denen mit Paragrafen kommt, muss ich in der Lage sein, mit anderen Paragrafen zu kontern.

Als ich mich mit meinem Tee wieder an den Computer setze, fällt mir ein, wie ich mir damals selbst Mut zuspreche: »Hör auf dein Herz«, heißt es im König der Löwen, nicht umsonst eines meiner Lieblingsmusicals. Und mein Herz sagt mir, dass ich im Kampf um das Wohlbefinden behinderter Kinder niemals aufgeben werde. Wenn der nächste Schritt dazu ist, alles zu lernen, was es zu lernen gibt, bin ich dazu bereit.

Gut gebrüllt, Löwe! Die Prüfung, ob es mir damit auch ernst ist, lässt nicht lange auf sich warten.

DIE PETITION »SASCHA KÜHL«

Und egal welcher Zweifel dich auch quält,
Was du draus machst, ist das, was zählt.
Einmal im Leben, Wincent Weiss

Was heißt das eigentlich, wir haben ein föderales System? Ich schlage nach bei der Bundeszentrale für politische Bildung und stoße auf folgende Sätze: »Der Föderalismus ist das staatliche Organisationsprinzip in der Bundesrepublik Deutschland, 1949 wurde er im Grundgesetz verfassungsrechtlich verankert. Kennzeichen des deutschen föderalen Systems ist die enge Zusammenarbeit zwischen Bund und Ländern.«

»Aha«, denke ich. »Vielleicht sollte ich meine Bemühungen auf den Bund ausdehnen?«

Bisher beschränkt sich mein Wirken, für Sascha Rechtssicherheit zu bekommen, auf das Bundesland Nordrhein-Westfalen. Soll ich also nach Bonn gehen? Das heißt, nach Berlin?

Zeit meines Lebens haben in Bonn die politischen Uhren getickt. Ende 1999 erreicht der Umzug der Regierung nach Berlin seinen Höhepunkt: Der Bundestag siedelt ins frisch sanierte Reichstagsgebäude über, und die meisten Ministerien haben nun auch ihren Sitz in Berlin. Schade, Bonn wäre um die Ecke gewesen, aber egal: Ich mache mich an die Arbeit und suche in mühevoller Kleinarbeit nach

Ansprechpartnern. Ich setze ein Schreiben auf, in dem deutlich wird, dass Deutschland einem Kind mit Behinderung aus einem Heim das Leben in einer Familie verwehrt. Ich füge hinzu, dass ich Antworten haben möchte. Diesen Brief schicke ich an gleich vier Ministerien: An das Familienministerium, das Ministerium für Arbeit und Soziales, das Gesundheitsministerium und das Justizministerium. Außerdem sende ich ihn an den Beauftragten der Bundesregierung für die Belange behinderter Menschen, Karl Hermann Haack. Der Beauftragte bekleidet ein Ehrenamt, das 1981, dem Internationalen Jahr der Behinderten, vom damaligen Bundeskanzler Helmut Schmidt eingerichtet worden ist. Von nun an sitze ich wie auf glühenden Kohlen. Jeden Tag schaue ich in den Briefkasten, ob vielleicht eine Antwort aus den Ministerien eingetrudelt ist. Außer der üblichen Post bleibt er leer, und ich ertappe mich dabei, wie ich denke: »War ja klar.«

Dann kommt eines Tages doch ein Brief an. Absender ist Karl Hermann Haack. Er spricht mir Mut zu und schreibt, dass er sich für meine Belange einsetzen will. Das tut er dann auch. Von den Ministerien antworten zwei gar nicht, während die anderen beiden vage bleiben.

Wer nicht vage bleibt, ist Frauke. Solche Frauen braucht das Land, denke ich mir, als ich das nächste Mal mit ihr spreche, denn sie hat schon wieder eine neue Idee.

»Weißt du, dass man Petitionen einreichen kann?«, fragt sie mich.

»Was soll das sein, eine Petition? Wo kann man die einreichen?« Ich merke, da steht schon wieder eine neue Lernaufgabe vor mir. Frauke erklärt mir, um was es bei Petitionen geht. Zu Hause tauche ich ins Internet ab und vertiefe mein Wissen. Im Grunde genommen handelt es sich um eine Bittschrift. Da dieser Ausdruck recht veraltet klingt, kann man sich auch ein persönliches Schreiben an eine Behörde oder an die Volksvertretung vorstellen. Darin kann eine Einzelperson um die Änderung eines Gesetzes durch das Parlament oder um die Änderung der Verfahrensweise einer Behörde bitten. Damit die Sache nicht im Sand verläuft, hat der Bundestag dafür einen Petitionsausschuss eingerichtet.

»Dieses Recht steht jedem als Grundrecht zu«, sagt Frauke. »Es ist im Artikel 17 des Grundgesetzes festgeschrieben. Das ist kein zahnloser Tiger.«

Ich bin Feuer und Flamme. Ich werde eine Petition im Bundestag einreichen! Im Geist formuliere ich die ersten Sätze. Sie braucht einen Namen, meine Petition. Ich werde sie Petition »Sascha Kühl« taufen. Noch weiß ich nicht, dass ich damit eine Lawine auslösen werde.

Zu dieser Zeit gehe ich neben meiner Arbeit einer weiteren Tätigkeit nach, die mir sehr gefällt. An der Deutschen Angestelltenakademie in Münster unterrichte ich angehende Ergotherapeuten. Den Unterricht gestalte ich, wie es meinem Wesen entspricht: Theorie ist gut, Praxis ist besser. Zu dieser gehört, dass ich Ferienfreizeiten organisieren möchte. Das Zusammensein von behinderten und nichtbehinderten Menschen im Urlaub liegt mir am Herzen, seit ich mit Silke so schöne Stunden verbracht habe. Nach ihrem Tod gründete ich daher mit sechs Leuten den Verein Silke e.V. Natürlich wollte ich damit ihr Andenken wachhalten, gleichzeitig verfolgte ich einen klaren Zweck: Schon damals schwebte mir vor, Ferienfreizeiten für Kinder mit Behinderung zu veranstalten. Außerdem wollte ich besondere Wünsche erfüllen. Schnell hatte ich einige Familien mit im

Boot. Es gelang mir, einige Spendengelder aufzutreiben. Mit dem Geld kaufte ich ein Pflegebett für das Kinderheim, in dem Sascha lebte. Silkes früherer Kindergarten bekam eine große behindertengerechte Schaukel. Weil ich mich damals schon in der Reha-Technik auskannte und wusste, was benötigt wird, empfand ich große Freude in diesem gemeinnützigen Engagement. Mit Silke e.V. sammelte ich erste Erfahrungen im Erträumen von Visionen und deren konkreter Umsetzung. Das hilft mir jetzt, als ich in meiner Funktion als Dozentin in der Schule für Ergotherapie das Thema Ferienfreizeiten für behinderte Kinder auf den Tisch bringe. Ich wünsche mir engagierte Mitwirkende, die bereit sind, Zeit und Energie aufzubringen. Im Gegenzug bekommen sie unbezahlbare Erfahrungen und viel Spaß.

»Freiwillige vor!«, rufe ich – und bin erfreut, wie viele meiner Schüler mitmachen wollen. Das fängt ja gut an, denke ich, denn auf diese Weise kann ich einen hohen Betreuungschlüssel sicherstellen. Er liegt bei 1:1 beziehungsweise 1:2. Auf gut Deutsch heißt das: Fast jedes behinderte Kind hat seinen eigenen Betreuer. In manchen Fällen kümmert sich ein Betreuer um zwei Kinder, was immer noch richtig gut ist.

Die Ferienfreizeiten bringen uns an die Ostsee, später an die Nordsee, und dort nach Tossens in der Wesermarsch. Der Ort liegt auf der Halbinsel Butjadingen an der Innenjade, genau gegenüber von Wilhelmshaven – und unweit von Ovelgönne, wo ich heute wohne. Damals denke ich allerdings nicht daran, dass ich hier eine neue Heimat finden soll. Noch bin ich alles andere als ein Küstenbewohner. Die Waterkant ist neu für mich und ich lerne mit unseren Kindern und den Betreuern die Freuden von Spielen und Matschen im Watt erst kennen. Abends entzünden wir ein

Lagerfeuer und träumen von einem eigenen Gruppenferienhaus. Wenn man mit behinderten Kindern zu einem Urlaub aufbricht, könnte man locker einen Lastwagen beladen, so vieles hat man mitzuführen. Bisher haben wir noch keinen Ort gefunden, der für unsere Ferienfreizeiten vorbereitet gewesen wäre. Was auch kein Wunder ist, schließlich zähle ich zu den Wenigen in Deutschland, die das anbieten. Während wir am Feuer Stockbrot grillen und Marshmallows brutzeln, male ich mir aus, wie dieses Ferienhaus ausgestattet sein müsste.

»Mit Themenräumen, die wir selber gestalten«, sage ich.

»Klingt super«, sagt einer meiner Schüler. »Träumen darf man ja.«

Für mich ist das mehr als ein Traum. Es ist eine Vision. Eines Tages, das nehme ich mir am Lagerfeuer vor, werde ich sie in die Tat umsetzen.

Aber alles zu seiner Zeit. Momentan habe ich genug anderes am Hals. Ich bin aber zuversichtlich, wie sich die Dinge entwickeln. Viele meiner Schüler fahren auch nach ihrem bestandenen Examen als ausgebildete Ergotherapeuten mit in die Ferienfreizeiten. Davon profitieren alle Kinder, die wir betreuen. Ich erinnere mich daran, was meine Mutter umgetrieben hat: dass Ergotherapeuten vorne und hinten fehlen, und Silke dringend einen gebrauchen könnte. Auf einmal wird mir klar, dass ich, ohne es mir bewusst zu machen, diesen dringenden Wunsch meiner Mutter erfülle: Auch durch mein Engagement gibt es immer mehr dieser Spezialisten, die Menschen unterstützen, deren Handlungsfähigkeit eingeschränkt ist. Das alles funktioniert so gut, dass ich mir selbst das Versprechen abnehme: Sollte ich jemals diese Freizeiten auf professionelle Füße stellen, werde ich stets einen hohen Betreuungsschlüssel bieten – und das hoffentlich in einem eigenen Haus. Da ist eine innere Stimme, die sich immer wieder zur Wort meldet: »Du könntest dich damit selbstständig machen!«

Sich selbstständig machen – damit liebäugle ich schon lange. Als Angestellte in der Reha-Technik sammle ich Tag für Tag Erfahrungen. Mittlerweile gehöre ich zu den alten Hasen im Geschäft. Ich versuche, meinen Kunden einen guten Service zu bieten. Warum also in diesem Beruf nicht selbstständig werden? Das ist, was mir vorschwebt: als unabhängige Hilfsmittelberaterin den Menschen die beste Reha-Technik zukommen zu lassen.

Da ist aber auch eine andere Stimme, die sagt: Gibt es nicht ein bisschen viele Baustellen in deinem Leben? Du willst also deine sozialversicherungspflichtige Tätigkeit aufgeben, mit anderen Worten, deine wirtschaftliche Absicherung. Du willst zusammen mit Frauke das Recht von behinderten Menschen auf eine Familie durchsetzen. Du willst die Petition »Sascha Kühl« in den Bundestag bringen. Und du willst aus dem Verein Silke e.V. etwas Neues gestalten, um Ferienfreizeiten in einem eigenen Haus anbieten zu können. Ich ertappe mich dabei, wie ich selbst ungläubig den Kopf schüttle, wenn ich all meine Wünsche und Ziele aufzähle.

Das Einzige, das ich nicht will und kann, ist, gemeinsam mit Christian eigene Kinder zu haben. Diese Entscheidung ist in der Zwischenzeit gefallen. Ich habe Glück, dass sich Christian verständig zeigt. Er wird seinen eigenen Weg gehen und trotzdem für Sascha und mich da sein, wenn immer es drauf ankommt. Was für ein Mann, was für ein Freund! Während ich das schreibe, freue ich mich aus tiefstem Herzen darüber, dass sein Wunsch nach eigenen Kindern mit seiner neuen Partnerin in Erfüllung gegangen ist.

In dieser Zeit fühle ich mich wie Hansdampf in allen Gassen. Wenn ich so recht darüber nachdenke, hat sich in meinem Leben seither nicht viel verändert. Auch die Mama Held von heute tut sich schwer, die Füße hochzulegen. Das geht am besten, wenn die Kinder einen Walt Disney Film sehen wollen, worum sie mich nie zweimal bitten müssen. Ansonsten heißt es *rock around the clock*, das zu meinem Wesen. Wer ein Ziel hat, wird in der Regel nicht müde. Und ich habe nicht nur eines, sondern gleich mehrere. Die eine Sache, die Petition »Sascha Kühl«, nimmt gerade mächtig Fahrt auf. In den Ministerien kommen die entsprechenden Fachabteilungen zur Erkenntnis, dass es weder festgeschriebene Zuständigkeiten noch sonstige Regelungen gibt. Nun tobt ein Streit, wer dafür verantwortlich ist und was zu tun sei. Das bringt uns zwar in der Sache nicht weiter – aber es ist besser als das bisherige Schulterzucken. Mir dämmert, dass das Sprichwort »In der Politik mahlen die Mühlen langsam« die Wahrheit sagt. Da ich ein ungeduldiger Mensch bin, der die Dinge lieber heute als morgen erledigt, muss ich mich in einer Tugend üben, die mir schwerfällt: in Geduld.

Das bedeutet nicht, dass wir Däumchen drehen. Wir, das heißt Frauke und ich – sowie Gila Schindler, die sich zu dieser Zeit einschaltet. Noch eine starke Frau, die genau weiß, worauf es ankommt. In den 80er-Jahren lebte Gila in einer betreuten Jugendwohnung in Berlin. Die positiven Erfahrungen dort weckten in ihr den Wunsch, auch diesen Kindern und Jugendlichen mit Behinderungen genau solche positiven Erfahrungen zu ermöglichen. Sie stieß auf ähnliche Hindernisse wie Frauke und ich. Es musste einfach passieren, dass wir unsere Kräfte bündeln. Als wir uns kennenlernen, hat Gila ihr Studium der Sozialarbeit/ Sozialpädagogik und ihr Studium der Rechtswissenschaft längst abgeschlossen und eine steile Karriere hingelegt: erst als Referentin der Kinder- und Jugendhilfe beim Deutschen Institut für Jugendhilfe und Familienrecht e.V. in Heidelberg, dann als Regierungsrätin im Bundesministerium für Familie, Senioren, Frauen und Jugend. Später wird sie als Fachanwältin für Sozialrecht mit Niederlassungen in Heidelberg und Berlin tätig sein.

Dort, im Bundesministerium, fällt ihr mein Name ins Auge. Sie soll die Stellungnahme zu meiner Petition formulieren. Für Gila ist das keine leichte Aufgabe, was ich nicht wissen kann, da ich zu dieser Zeit die internen Konflikte der Ministerien nicht kenne. Deshalb halte ich die erste Antwort für vage, ohne zu ahnen, dass ich mit Gila eine zuverlässige Mitstreiterin erhalten werde, die vor der Mammutaufgabe: »Ich fordere Gleichbehandlung für mein schwerstmehrfachbehindertes Pflegekind Sascha« nicht zurückschreckt. Bei einem späteren Treffen erklärt mir Gila, was damals ihr Problem gewesen ist:

»Als Erstes erklärte sich die Kinder- und Jugendhilfe bei deinem Fall als nicht zuständig«, beginnt sie. »Dann teilte der zuständige Träger der Eingliederungshilfe mit, dass Familienpflege keine Teilhabeleistung sei.«

Ich fasse das so zusammen: Die einen sagten, das geht uns nichts an. Die anderen sagten, Pflege in der Familie gibt es nicht. Was zum Ergebnis führte, dass alles, was ich für Sascha aufbringe, nicht als Sozialleistung finanziert wurde.

Auf diese Finanzierung habe ich zunächst im wahrsten Sinne des Wortes gepfiffen. Ich habe Sascha aufgenommen und alles aus der eigenen Tasche bezahlt, ganz nach der Devise: Dem Kind soll es gut gehen, dann schauen wir weiter.

Genau das tut Gila jetzt: sie schaut weiter. Sie soll zu meiner Petition Stellung nehmen – doch diese Stellungnahme muss erst mit dem für die Sozialhilfe zuständigen Ministerium abgestimmt werden.

»Auf Arbeitsebene streiten die darüber wie die Kesselflicker«, erfahre ich von ihr.

Eine Einigung ist zwar nicht in Sicht, und trotzdem hat die Sache etwas Gutes: Der erste Anstoß zur Familienpflege für Kinder mit Behinderung ist durch meine Petition gesetzt. Wie schrieb ich vorhin – die Mühlen mahlen langsam? Vielleicht sollte ich diese Aussage durch »sehr langsam« ersetzen. Es wird noch weitere fünf Jahre dauern, bis es zu einer Rechtsgrundlage kommt, die im Paragraf 54 Sozialgesetzbuch festgeschrieben wird. Und das ist immer noch nicht das Ende des Weges: Auch mit dieser gesetzlichen Übergangslösung haben Kinder mit und ohne Behinderung nicht die gleichen Rechte und Chancen. Aus diesem Grund fahre ich regelmäßig nach Berlin, organisiere eine Demonstration, bin laut und scharre ungeduldig mit den Füßen. Im Kampf um den Missstand bei Pflegefamilien mit behinderten Kindern stehe ich nun im neunzehnten Jahr im Ring. Trotzdem kann ich heute sagen: Ohne die Petition »Sascha Kühl« wären wir noch nicht da, wo wir jetzt sind. Hätte ich gewartet, bis man sich in Berlin einigt, hätte Sascha allerdings sein ganzes Leben im Heim verbringen müssen. Unser unvergessliches Weihnachtsfest im Jahr 2000 hätte es nie gegeben, unzählige weitere Glücksmomente für ihn innerhalb unserer Familie ebenfalls nicht.

Manchmal muss man eben Nägel mit Köpfen machen, ohne auf ein »Okay« des Gesetzgebers zu warten. So ist das Leben nun mal: Nur wer wagt, kann auch gewinnen.

In diesen aufregenden Zeiten nach der Jahrtausendwende geschah so viel, dass gar nicht alles gleichzeitig aufgeschrieben werden kann. Selbstverständlich darf nicht unerwähnt bleiben, was zu Beginn des Jahres 2001 passierte, zu einer Zeit also, in der ich noch nicht an Petitionen oder flammende Briefe an Abgeordnete denke. Wieder beginnt alles mit dem Klingeln des Telefons. Als ich abnehme, ist Frauke am Apparat.

»Hallo, meine Liebe«, sage ich fröhlich. Ich freue mich immer, wenn sie anruft. »Was gibt's Neues?«

Frauke hat etwas auf dem Herzen.

»Ich habe einen kleinen Jungen in einer Klinik gefunden«, beginnt sie. »Er heißt Paul. Es ist leider eine traurige Geschichte.«

Dazu muss man wissen, dass Frauke wie ich Tatsachen schafft. In ihrem Anliegen, sonderpädagogische Pflegestellen zu schaffen und deren bedarfsgerechte Ausstattung sicherzustellen, ist sie ein Stück weitergekommen, doch auch noch nicht da, wo sie sein will. Wegen der herrschenden Rechtsunsicherheit muss sie bei jedem Kind mit den Ämtern streiten. Erzählt sie mir davon, habe ich ein Bild vor Augen, in dem ich Händler beim Feilschen auf dem Basar sehe. Das ist entwürdigend, wenn man an die Hilflosigkeit der betroffenen Kinder denkt. Doch Frauke lässt sich davon nicht abschrecken. Es ist ihr gelungen, einige Kinder in Pflegefamilien zu vermitteln. Als sie über das Schicksal von Paul spricht, taucht dieser Begriff auf, von dem ich weiß, dass er mich wie mein eigener Schatten durchs Leben begleitet: Ich werde das fetale Alkoholsyndrom nie wieder loswerden.

»Paul ist damit auf die Welt gekommen«, sagt Frauke. »Gleich nach der Geburt hat ihn seine alkoholkranke Mutter in die Obhut einer Pflegefamilie gegeben.« Sie macht eine bedeutungsvolle Pause. »Der Schock über die Behinderungen des Kleinen war groß bei ihr. Seit der Geburt trinkt sie keinen Tropfen Alkohol. Sie hat viele Schuldgefühle und will, dass es ihrem Jungen gut geht. Selbst kann sie ihn nicht versorgen, weil sie ihr eigenes Leben auf die Reihe kriegen muss.«

Weil ich heute nicht mehr bloß Kerstin Held bin, die sich um behinderte Pflegekinder sorgt, sondern Mama Held, deren Stimme im Land gehört wird, steht der Kampf im Feld des fetalen Alkoholsyndroms ganz oben auf meiner Liste der nicht erledigten Aufgaben. Es ist ein Kampf gegen Windmühlen. Wir haben eine mächtige Alkoholindustrie, doch das ist nur eine Seite der Medaille. Die andere Seite sind wir: Unsere Gesellschaft ist darauf aufgebaut, dass uns Alkohol verbindet. Wenn wir gesellig sind, ist Alkohol im Spiel. Feiern wir Erfolge, stoßen wir mit Alkohol an. Trauern wir, fließt Alkohol. Während ich diese Zeilen schreibe, feiert man auf der Münchner Wiesen und dem Stuttgarter Wasen die zwei größten Volksfeste Deutschlands. Innerhalb von drei Wochen werden dort rund 10 Millionen Liter Bier getrunken. Diese Zahl taucht nochmals auf: 10 Millionen Menschen in Deutschland nehmen täglich Alkohol in gesundheitlich riskanten Mengen zu sich.

Seit ich Mama Held bin und in vielen Internet-Foren und sozialen Netzwerken gelesen, gesehen und gehört werde, erhalte ich dort Reaktionen, die mich befremden. Sobald das Thema Alkohol ins Spiel kommt, vergessen manche Leute jede Regel von Anstand und Moral.

»Dass du alkoholkranke Kinder aufnimmst, ist großartig«, schreibt ein Mann. »Deren Mütter sollte man aber alle an die Wand stellen!«

Dieser Kommentar steht exemplarisch für viele ähnlichen Inhalts. Ich antworte: »Nein, nein und nochmals nein!« Das ist nicht nur falsch gedacht – es ist gefährlich falsch gedacht. Nur wer ohne Schuld ist, werfe den ersten Stein. Und es gibt kaum einen unter uns, mich eingenommen, der nie über die Stränge schlägt. Ich predige auch nicht totale Enthaltsamkeit. Mir geht es darum, dass wir jeden Fall eines alkoholkranken Kindes vermeiden können. Bitte gerne noch mal: jeden einzelnen Fall! Durch Alkohol entstandene Behinderungen bei Kindern sind zu einhundert Prozent vermeidbar. Aber nicht, indem wir die Mütter bestrafen. Sondern indem wir sie aufklären, sie beraten und ihnen helfen!

Ich weiß sehr gut, von was ich spreche. In meiner Kindheit und Jugend war Alkohol Teil meines Lebens gewesen. Meine Mutter erzählte mir häufig von ihrer alkoholabhängigen Mutter, die sie zu pflegen hatte. Sie weinte sich wegen meines Vaters bei mir aus. Ich begann, Alkohol abzulehnen, weil er immer mehr Raum in unserer Familie beanspruchte. Oft konnte ich aus Sorge um meinen Vater nicht schlafen. Als ich älter wurde und meine Freunde auf Partys zu Alkohol griffen, war ich diejenige, die sie sicher nach Hause brachte. Sobald ich den Führerschein hatte, stand fest: Kerstin fährt uns heim. Ich tat das. Und ich lernte dabei, dass man Menschen, die Alkohol konsumieren, nicht darauf ansprechen darf, ob es vielleicht zu viel ist, da man sich gleich viel Ärger einhandelt. Kostete ich selbst einmal oder wurde dazu gedrängt, stellte sich bei mir ein schlechtes Gewissen ein. Betrunkene Menschen machen auf mich einen unangenehmen Eindruck – zur gleichen Zeit empfinde ich sie als schutzlos. Sehe ich jemanden, der kaum mehr geradeaus laufen kann, will ich ihm helfen, auch wenn mir sein Geruch nach Alkohol zuwider ist.

Bei Paul werde ich das erste Mal in meinem Leben mit einem Kind mit fetalem Alkoholsyndrom konfrontiert. Denke ich damals noch, dass sein Schicksal ein seltener Fall ist? Ich stecke mittlerweile so tief in diesem Thema drin, dass ich es nicht mehr sagen kann. Tatsache ist, dass diese hundertprozentig vermeidbare Behinderung viel zu oft vorkommt. Aktuell sind es etwa 12.500 Kinder in Deutschland, die mit fetalem Alkoholsyndrom pro Jahr geboren werden. Das ist Platz 1 unter den Behinderungen und nicht etwa das Down-Syndrom, für das es jetzt diesen, aus meiner Sicht, fatalen Bluttest auf Kosten der Krankenkassen gibt.
3.000 Kinder mit fetalem Alkoholsyndrom haben das sogenannte Vollbild. Das bedeutet, dass sie vielfache Beeinträchtigungen haben bis hin zur Mehrfachbehinderung. Anders wie gen- oder vererbungsbedingte Behinderungen wie Krebserkrankungen, Chromosomenanomalien oder der sogenannte offene Rücken muss es das fetale Alkoholsyndrom gar nicht geben. Wir wären in der Lage, es auf null zu reduzieren. Jeder kann sich vorstellen, wie mich dieser Gedanke oft nächtelang nicht schlafen lässt. Jedes dieser Kinder wäre vollständig gesund!
Aufgrund der mangelnden Rechtslage der Unterbringung in Pflegefamilien, begannen Ämter bundesweit da-

mit, Kinder nach dem Intelligenzquotienten einzustufen. Kinder unter einem IQ von 70 fallen somit in die Zuständigkeit des Sozialamtes. Das Jugendamt hat dann keine Leistungsverantwortung. Das hat viele Folgen: Diese Kinder und Eltern bekommen damit keine Hilfe zur Erziehung. Die Sortierung nach dem IQ ist nicht vertretbar und spiegelt die Hilflosigkeit der ausführenden Ämter wider.

In Fachkreisen wird darüber gesprochen, dass FAS zu den jüngsten Behinderungen bei Menschen zählt. Das ist nicht ganz richtig. Auch früher wurde schon viel Alkohol getrunken und natürlich besaßen auch damals Föten im Mutterleib erst im siebten Entwicklungsmonat eine funktionierende Leber. In früheren Zeiten war Wein oft einfacher zu bekommen wie Trinkwasser, das obendrein noch mit Keimen verschmutzt war. Die Folgen des Alkoholkonsums für Kinder wurden damals sogar schon in Verhaltensbeschreibungen und Bildern festgehalten. Kinder mit FAS und natürlich auch die Folgen im Erwachsenenalter gibt es schon seit Jahrhunderten. Nehmen wir nur den Moritz von Wilhelm Busch und den »Zappelphilipp« aus dem Struwwelpeter. Sie erzählen schon vom fetalalkoholischen Krankheitsbild, kennen nur die Pathologie dahinter noch nicht.

Alkohol ist ein Nervengift und hemmt die Zellteilung. Es ist hauptsächlich die Leber, die den schweren Job wahrnimmt, dieses Nervengift wieder abzubauen. Da Kinder im Bauch ihrer Mutter bis zum siebten Schwangerschaftsmonat keine eigene funktionierende Leber haben, wird von jedem Schluck Alkohol eine große Menge in ihrem winzigen Körper für längere Zeit verweilen. So wird die

Zellteilung erschwert oder unterbunden – Kinder mit fetalem Alkoholsyndrom sind oft kleiner als normal, wiegen weniger und sind unterentwickelt. Der Alkohol wird dem Ungeborenen über die Plazenta zugeführt. Nicht selten ist der Fötus betrunkener als die Mutter und braucht zehnmal so lange, nüchtern zu werden. Deshalb schadet schon die kleinste Menge Alkohol in der Schwangerschaft – auch das Gläschen Rotwein, das so mancher Gynäkologe in Deutschland noch immer seinen Patientinnen zur Durchblutungsförderung empfiehlt.

Was können wir tun? Die Antwort heißt Aufklärung. Ich trete dafür ein, dass Warnhinweise auf allen Flaschen gedruckt werden, die Alkohol enthalten. Das allein rettet noch keine Kinder, sensibilisiert jedoch die Gesellschaft. Im Jahr 2014 hat das Europäische Parlament eine neue Tabakrichtlinie beschlossen, die am 20. Mai 2016 in deutsches Recht umgesetzt wurde. Seither gibt es große Warnhinweise auf der Verpackungsfläche von Tabakprodukten. Sie tragen dazu bei, dass mittlerweile ein Großteil der Bevölkerung weiß, dass Rauchen Mund-, Rachen- und Kehlkopfkrebs erzeugt, die Lungen schädigt, Herz- und Schlaganfälle verursacht, die Potenz und die Fruchtbarkeit bedroht und ungeborene Kinder töten kann. Seither ist die Zahl der Raucher in Deutschland vor allem bei Jugendlichen rückläufig. Auch in der Werbung wünsche ich mir Einschnitte. Die meisten Unfälle und Körperverletzungen passieren unter Alkoholeinfluss – das zu wissen ist wichtiger als das Versprechen der Reklame, mit dem Kauf einer Kiste Bier zur Rettung des Regenwaldes beizutragen. Ich wünsche mir, dass Alkohol erst mit 21 Jahren gekauft werden kann. Ich will eine deutlich spürbare Steuererhöhung auf alkoholische Getränke. Das eingenommene Geld soll der Staat in Aufklärung und Prävention stecken. Wenn wir das hinkriegen, kommen wir voran.

Und dann ist da noch etwas, das mir am Herzen liegt: Lasst uns damit aufhören, die Mütter zu verurteilen. Das fetale Alkoholsyndrom ist nicht nur eine schwerwiegende Diagnose für das betroffene Kind – sie ist es auch für die Mutter und die gesamte Familie. Kann sie sich dazu bekennen, dass sie abends zwei, drei Gläser Wein trank? Natürlich nicht, weil sie sofort an den Pranger gestellt wird. Ich fordere Respekt für diese Mütter, die zu ihrem Fehlverhalten stehen und nun Verantwortung übernehmen. Ihr Bekenntnis ist äußerst wichtig, um für das betroffene Kind die richtigen Schlüsse ziehen zu können. Denn noch immer wird das fetale Alkoholsyndrom als primär psychische Erkrankung gekennzeichnet. Das ist falsch, denn es handelt sich um multiple Schädigungen des Gehirns und einer Anzahl von Organen. Durch diese fehlerhafte Schlussfolgerung ist die Anerkennung als Behinderung in der richtigen Kategorie erschwert. Das hat zur Folge, dass die Eingliederungshilfe für betroffene Kinder nur schwer zugänglich ist. Ich nenne es die »unsichtbare Behinderung«, denn Tausenden der betroffenen Kinder sieht man das fetale Alkoholsyndrom nicht an. Doch brauchen diese Kinder und Erwachsenen einen »Rollstuhl für die Seele«. Dieser ist unsichtbar und in unserer Gesellschaft auch nicht spürbar. Einem Menschen mit Querschnittslähmung hält ein Mitmensch freundlich die Tür auf. Ein Mensch mit FAS ist häufig mit den einfachsten Alltagshandlungen überfordert. Die Behinderung ist jedoch unsichtbar. Ich rechtfertige mich jeden Tag für das Verhalten meines Kindes mit FAS. Es hagelt immer wieder Vorwürfe aus der Gesellschaft von schlechter Erziehung, gelebte Kontrollzwänge, bis hin zur Einbildung einer Behinderung. Es fehlt an dieser Stelle aber an Aufklärung.

Was für eine herausfordernde und schwierige Aufgabe es ist, eine geeignete Pflegefamilie zu finden, zeigt sich an Pauls Geschichte. Bevor Frauke den kleinen Jungen in einer Klinik entdeckte, war er bereits in einer Pflegefamilie untergekommen. Am Telefon liest sie mir aus der Akte vor: Der Pflegevater soll getrunken haben, von vermehrten Aggressionen durch seinen steigenden Alkoholkonsum ist die Rede. Die Pflegemutter hat laut Akte das Münchhausen-Stellvertreter-Syndrom. Falls Sie davon noch nie gehört haben: Dabei erfinden Menschen Krankheiten, übersteigern diese oder verursachen sie bei Dritten, meistens Kindern. Danach schlüpfen sie in die Rolle des scheinbar aufopferungsvoll Pflegenden und Retters. Im Grunde genommen kann man sich einen Feuerwehrmann vorstellen, der selbst Brände legt, um beim Löschen vor den Kameraden gut dazustehen. Ich kann ahnen, was Paul in dieser Pflegefamilie hat aushalten müssen.

Davor und danach hat man den Jungen in Dutzenden von Kliniken geparkt: Jedes Mal hat er neue Ärzte um sich – oder auch mal nicht, wenn sich keiner zuständig fühlt. Dieses unwürdige Spiel dauert fünfeinhalb Jahre. Es trägt vor allem dazu bei, dass die Pflegemutter nicht auffliegt. Wie viel Ängste, wie viel Einsamkeit, wie viel Schmerzen muss der Junge dabei ausstehen? Und dann die Pflegefamilie: Sie steckt ihn nachts in eine Art Schlafsack. Dieser hat angenähte Ledergurte an den Schultern, der Seite und am Fußteil, mit denen er auf dem Rücken liegend fixiert wird – man kann auch sagen, gefesselt. Das sei unerlässlich, behauptet die Pflegemutter, weil sich Paul sonst die Magensonde und den Sensor vom Herz-Atem-Monitor herauszieht. Wir stellen später fest, dass er weder eine Magensonde noch eine Monitorüberwachung benötigt. Die Pflegemutter ist auch keine Krankenschwester, wie sie behauptet und was keiner bezweifelt. Vermutlich verabreicht sie dem Jungen sogar Salzlösungen, damit er sich erbricht und an Gewicht verliert. Vermutlich werden ihm Kissen aufs Gesicht gedrückt. Das sorgt für einen akuten Sauerstoffabfall, der von der Pflegefamilie mit epileptischen Anfällen und Atemaussetzern begründet wird. Auch an diesen Aussagen zweifelt niemand, weil die Symptome ähnlich sind und durch das fetale Alkoholsyndrom das Elektroenzephalogramm von Paul ohnehin auffällig ist. Die Pflegemutter, die Paul nach seiner Geburt aufnahm, gab zum Vermittlungszeitpunkt eine falsche Professur an und hatte einen scheinbar unbegrenzten Einfallsreichtum, wie sie krankhafte Symptome bei Paul hervorrufen konnte, ohne dass er tatsächlich erkrankt war. Niemand zweifelte an den beschriebenen Zuständen des Jungen, denn das EEG z.B. zeigte durchaus Unregelmäßigkeiten. Dieses EEG misst die elektrische Aktivität des Gehirns durch Aufzeichnung der Spannungsschwankungen an der Kopfoberfläche. Zum Glück gibt es in einer Klinik einen wachsamen Neurologen. Er ist der erste Arzt, der daran glaubt, dass alle Symptome, die Paul zeigt, absichtlich herbeigeführt worden sind. Nach einer Untersuchung weigert er sich, ihn in die vermeintliche Obhut der Pflegefamilie zurückzugeben. Er setzt sich mit Frauke in Verbindung. Als ihr klar wird, wie ernst der Fall ist, ruft sie mich an.

»Könnt ihr Paul vorübergehend zu euch nehmen, bis ich ein gute Familie gefunden habe?«, fragt sie.

Frauke nennt mir die Adresse des Kinderheims, in dem Paul vorübergehend aufgenommen wurde. Christian und ich setzen uns sofort ins Auto und fahren hin. Unterwegs erzähle ich ihm alles, was ich von Frauke erfahren habe. Es ist das erste Mal, dass Christian vom Münchhausen-Stellvertreter-Syndrom hört. Er ist erschüttert. Daran ändert sich nichts, als wir Paul im Kinderheim zu Gesicht bekommen. Er ist zwar schon fünf Jahre alt, aber nur 84 Zentimeter groß. Auf der Stirn hat er eine große Wunde. Eine Erzieherin zuckt bedauernd mit den Schultern.

»Die hat er sich selbst zugefügt«, sagt sie. »Er kratzt sich ja dauernd wie verrückt.«

»Weil er Stress hat«, murmele ich.

»Was meinen Sie?«

Ich bleibe stumm. Entweder man versteht, was hier passiert, oder man tut es nicht. Schwer traumatisierte Kinder neigen dazu, sich selbst Verletzungen zuzufügen. Ich kann Pauls Seele durch die Wunde sehen. Ich beuge mich über ihn.

»Na, du kleiner Muck«, sage ich zärtlich.

Dieser Name ist mir jetzt gerade in den Sinn gekommen. Ich habe nicht über ihn nachgedacht. Auch das gleichnamige Märchen von Wilhelm Hauff spielt keine Rolle. Der »kleine Muck« ist einfach da, was jedoch für mich eine große Bedeutung hat. Wann immer mir bei einem Kind spontan ein Kosename einfällt, bin ich mir sicher, dass es ein »Heldenkind« wird. So ist es auch bei Paul. Zwei Tage lang bleibe ich bei Paul im Kinderheim, dann nehme ich ihn mit nach Hause. Ich rufe Frauke an.

»Du musst für Paul keine andere Familie mehr finden«, sage ich. »Er hat jetzt eine.«

Frauke antwortet: »Das habe ich gewusst.« Sie ist glücklich und Christian und ich sind es auch. Ein Jahr, nachdem wir Sascha zu uns genommen haben, bekommt unsere Familie nun Zuwachs.

»Der kleine Muck ist im Dezember 2001 zu uns gekommen«, notiere ich wenige Zeit später. »Er braucht schon keine Magensonde mehr und auch keine Monitorüberwachung. Stattdessen braucht er Leberwurstbrote!«

Ich zeichne einen Smiley hinter diesen Satz. Was für Sascha die Pizza ist, ist für Paul das Leberwurstbrot. Er liebt es über alles!

Schon bald steht Weihnachten vor der Tür. Ich merke, wie fremd Paul dieses Fest erscheint. Offenbar hat er es so noch nie erlebt. Mit großen Augen betrachtet er, wie ich die Wohnung schmücke. Bis jetzt gibt er fast nur Töne von sich. Hin und wieder schafft er ein oder zwei Wörter hintereinander.

Diese Töne ähneln denen des Spielzeugs Furby, das in dieser Zeit sehr populär ist und das Paul mitgebracht hat. Es ist ein Plüschtier voller Sensoren. Furby kann mit den Augen und Ohren wackeln, den Mund bewegen, tanzen sowie Geräusche und »furbisch« klingende Worte von sich geben. Ich vermute, dass Furby Pauls einziger Begleiter in all den einsamen Stunden war. Was ich ganz sicher weiß, ist, dass er Todesängste ausgestanden hat, wenn er in den Nächten festgebunden auf dem Rücken lag und sein Überwachungsmonitor piepste. Denn seine Pflegefamilie ließ ihn wissen, dass er sterben muss und ihn die Engel holen. Wann immer jetzt ein Piepton zu hören ist – das kann ein rückwärtsfahrender LKW sein oder der Geschirrspüler, der sein Programm beendet – drückt sich Paul die Hände in den Bauch, richtet die Augen nach oben und wartet auf die Engel, die ihn holen kommen.

Klingt das schlimm? Es ist schlimm! Gleichzeitig ist Paul der Beweis, wie schnell selbst schwersttraumatisierte und stark beeinträchtigte Kinder in einem liebevollen familiären Umfeld aufblühen. An Weihnachten ist für ihn alles noch großes stummes Staunen, doch schon bald kann er »Paul Hunger« oder »Mama lieb« sagen. Dann kommt Silvester und ich befürchte das Schlimmste wegen der zu erwartenden Knallerei. Tatsächlich liegt er wach in seinem Bettchen. Den ganzen Tag über habe ich mit ihm »frohes neues Jahr« geübt, denn ohne Fleiß kein Preis. Drei Worte am Stück – wenn er es schafft, sie nachzusprechen, wäre das wunderbar. Um Mitternacht beuge ich mich über ihn und frage: »Und, was sagt man jetzt? Frohes ... neues ...«

Da geht ein Strahlen über Pauls Gesicht: »Zuhause!«, sagt er.

Ich bin überglücklich, weil es ein neues Wort für ihn ist. Ein Wort, das sich Paul selbst zurechtgelegt hat. Ein Wort, dessen Sinn ihm bewusst ist. Ein Wort, das beweist: Paul ist in der Lage, sich auszutauschen und teilzuhaben.

Besser kann das neue Jahr nicht beginnen! Ein Kind, das jahrelang misshandelt und traumatisiert worden ist, findet in unserer Familie ins Leben zurück. Weil Pflegefamilien mit Kindern wie Paul sehr viele Lebensthemen haben, die sie beschäftigen, gibt es seit 1983 den Bundesverband behinderter Pflegekinder. Auch wenn er heute aus der Gesellschaft nicht mehr wegzudenken ist, vergesse ich niemals seinen bescheidenen Beginn: Sieben Pflegefamilien mit besonderen Kindern schlossen sich zusammen – heute sind wir alle zu Recht stolz auf unseren bundesweit tätigen Verband. Bis etwa zur Jahrtausendwende ging es in dem Verband hauptsächlich um Themenaustausch und die Vermittlungshilfe von Kindern mit Behinderung. Die Familien waren Einzelkämpfer und bekamen für ihren besonderen Fall immer passende Beratung und Unterstützung. Mit dem Generationenwechsel im Vorstand mischte sich der Bundesverband nun immer mehr in die Politik ein.

SIEGE – UND NIEDERLAGEN

Und ich hab das alles so gewollt,
den ganzen Terror und das Gold,
ich habe nie was so gewollt!
Sarah Connor, Wie schön du bist

Paul stammt aus einer anderen Stadt wie Sascha. Auf der Landkarte liegen die beiden Orte rund 50 Kilometer auseinander. Was ihre Einstellung zur Unterbringung von behinderten Pflegekindern in einer Familie angeht, trennen sie Welten. Während ich bei Paul wenig Probleme habe, die für ihn erforderlichen Hilfen zu beantragen und genehmigen zu lassen, stellen sich die Ämter in Saschas Heimatstadt noch immer quer. Nun bekomme ich noch mal den Beweis dafür, wie wichtig die Petition »Sascha Kühl« tatsächlich ist. Da ist einfach zu viel Willkür in den Entscheidungen der Ämter.

Weil die Betreuung von Sascha und Paul einen großen Teil meiner Zeit fordert und ich gleichzeitig noch immer davon träume, den Verein Silke e.V. auf professionelle Beine zu stellen, entscheide ich mich endlich für die Selbstständigkeit. Mein neuer alter Beruf nennt sich unabhängige Hilfsmittelberaterin. Durch mein Fachwissen bin ich schnell am Markt etabliert. Im Jahr 2004 wird aus Silke e.V. eine Gesellschaft bürgerlichen Rechts mit dem griffigen Namen reha4kids. Ich muss selbst schmunzeln, als ich mir diesen Begriff ausdenke. Die Tatsache, dass ich bei Michael Jackson viel mit Markennamen zu tun hatte, lässt sich irgendwie nicht verleugnen. Die Marke reha-4kids ist stark und einprägsam – genauso würde man das im Manager-Deutsch ausdrücken. Nun, Manager habe ich nicht um mich herum, die brauche ich auch nicht. Meine Mitstreiter sind fast alle ehemalige Ergotherapieschüler und Pflegefachkräfte, die mittlerweile ihren Abschluss in der Tasche haben. Unsere Ferienfreizeiten werden dadurch immer professioneller. Ich suche nach behindertengerechten Ferienhäusern und miete Busse, um alle Teilnehmer an den Urlaubsort zu bringen. Die Kinder haben alle Einzelbetreuer, ihre Eltern bekommen oft zum ersten Mal seit langer Zeit die Gelegenheit, auszuspannen. Natürlich habe ich meine »eigenen Kinder« mit dabei. Beim Organisieren merke ich, was ich im Showbusiness alles gelernt habe. Alles klappt wie geplant – nun ja, sagen wir fast alles. Dabei träume ich nicht nur am Lagerfeuer vom eigenen Haus sondern rund um die Uhr. Das muss doch irgendwie möglich sein, sage ich mir. Noch habe ich aber nicht den richtigen Ansatz gefunden.

Dafür bin ich umso glücklicher in meiner neuen Beziehung. Christian und ich haben uns im Guten getrennt und sind weiterhin gute Freunde. Dafür ist Dietmar in mein Leben getreten. Er ist ein geduldiger, rationell denkender Mann – ein wunderbarer Ausgleich zu meinen mitunter impulsiven und heißblütigen Reaktionen, wenn wieder einmal ein Amtsleiter nicht antwortet, Formulare kaum verständlich sind oder meine Umwelt nicht verstehen will, warum ich mich mit behinderten Kindern »abgebe«. In dieser Zeit spüre ich oft Widerstand, nicht nur vonseiten der zuständigen Behörden, sondern auch in der Gesellschaft.

»Warum hast du keine eigenen Kinder?«, kriege ich zu hören. »Das wäre doch schöner. Das wäre doch einfacher.« Erstaunlich, wie manche Menschen davon überzeugt sind, es besser zu wissen. Sie überzeugen zu wollen, endet nicht selten in der Sackgasse. Als man mir sagt, dass ich es auf diese Weise nie zu Enkeln bringen würde, erspare ich mir eine Antwort. Sie wäre wahrscheinlich auch zu impulsiv und provokant ausgefallen.

Anstatt uns mit fremden Meinungen herumzuärgern, gestehen sich Dietmar und ich unsere eigene Meinung zu. Wir reden darüber, ein Baby in die Familie aufzunehmen. Auch Dietmar weiß um meine prägende Biografie. Ja, ich hätte gerne ein Kind, das mir erzählen kann, wo es wehtut, wer es geärgert hat, was es freut und warum es am liebsten Schokopudding isst. Frauke ist so ehrlich, mir keine falschen Hoffnungen zu machen. Ein Kind ohne Behinderung zu adoptieren wird mir nicht gelingen.

»Du hast zwei Kinder mit Behinderung in der Familie«, sagt sie. »Da stellen sich die Behörden quer.«

Traurig, aber wahr: Auch heute, fünfzehn Jahre danach, hat sich an dieser beschämenden Tatsache nichts geändert. Es ist fast unmöglich, ein sogenanntes gesundes Kind zu adoptieren, wenn bereits ein Kind mit Behinderung in der Familie lebt.

Wieder einmal ist Winter. Gerade haben wir Silvester gefeiert und auf das Jahr 2005 angestoßen, als ich eine Nachricht erhalte.

»Da liegt ein kleines Mädchen in einer Klinik in der Nähe von Aachen. Die minderjährige Mutter hat während der Schwangerschaft, laut Akte, synthetische Drogen genommen«, heißt es.

Ich frage nach Behinderungen und in welchen Ausprägungen sie vorhanden sind. Zu meiner Überraschung weiß niemand Bescheid.

»Aber bald hat das Kind das Entlassungsgewicht von 3000 Gramm erreicht. Dann müssen wir handeln«, erfahre ich noch.

Dietmar und ich beraten uns und beschließen, nach Aachen zu fahren. In der Kinderklinik bringt mir eine Schwester das Mädchen. Was für eine süße Kleine, denke ich, verbiete mir aber, mich zu freuen. Der Grund liegt in der ganzen Bürokratie versteckt, die bei der Aufnahme eines Pflegekindes notwendig ist. Viele Behörden müssen »Ja« dazu sagen – was ist, wenn sie es nicht tun?

»Sie sollten selbst eine Nacht darüber schlafen«, meint die Schwester.

Als wir im Auto sitzen, rege ich mich furchtbar auf. Sind wir hier bei »Wünsch dir was«? Fahr in die Klinik, suche dir ein Kind aus, lass es zurück oder nimm es mit ... impulsiv und vielleicht nicht immer ganz rational. Dietmar dagegen ist still. Kurze Zeit später fährt er zu seinen Eltern. Dort redet seine Mutter ihm ins Gewissen. Welche Partnerin ihr Sohn gewählt hat, gefällt ihr ohnehin nicht. Nachdem er mir am Telefon seine Zweifel mitteilt, rufe ich bei meiner Mutter an. Es ist ein Impuls, schließlich war sie mir nicht immer eine gute Ratgeberin. Als ich Sascha vorstellte, fragte sie mich tatsächlich, was ich mit so einem appetitverderbenden Tamagotchi will. Ähnlich wie Furby war das Tamagotchi ein Spielzeug der 90er-Jahre, ein virtuelles Küken, um das man sich vom Zeitpunkt seines Schlüpfens an kümmern musste. Doch als sie mich nun weinen hört, weil ich große Angst habe, das Mädchen zu verlieren, bevor ich es aufnehmen kann, entwickelt sich eines der besten Gespräche, die wir je miteinander hatten. Ich weiß heute nicht mehr, ob sie mir diesen Ratschlag erteilt hat oder er sich im Laufe des Telefonats in mein Bewusstsein eingeschlichen hat. Doch als ich den Hörer auflege, höre ich eine innere Stimme in mir.

»Tu das, was dein Herz sagt«, empfiehlt sie.

Danach sind wenigstens bei mir sämtliche Ängste und Zweifel aus dem Weg geräumt. Ich werde diesem Mädchen ein Zuhause geben. Als ich Dietmar davon erzähle, sagt auch er Ja zu dieser Entscheidung. Er bittet mich aber, dass ich mich um die Kleine kümmere. Meine Antwort ist sehr selbstsicher – vielleicht zu selbstsicher: »Natürlich«, sage ich. »Kein Problem. Das kriege ich hin!«

Was treibt mich an, solche Entscheidungen zu treffen? Ich hätte aus Dietmars Worten heraushören können, dass ich diesen Weg wohl allein gehen muss. Vielleicht ist es das Wissen um die Einsamkeit, die mich zeit meines Lebens umschließt. Nicht immer, aber immer wieder. Es ist die Einsamkeit eines Kindes, das in einer Familie aufwächst, in der Mutter und Vater in ihren Welten leben, und die Schwester auch – bis zum magischen Moment, als Silke und ich uns zusammentaten. Weil es diesen Augenblick gab mit seinen wunderbaren Folgen, gelingt es mir immer wieder, die Schranken der Einsamkeit zu durchbrechen. Auch die Schranken der Einsamkeit der Kinder, die ich in Pflege nehme. Paul gibt ein gutes Beispiel dafür ab. Auch er hat sich bereits als Baby mit einem für andere Menschen unsichtbaren Kokon vor einer verletzenden Umwelt ge-schützt. Ich habe in meiner Kindheit einen ganz ähnlichen

Kokon um mich gelegt, weil auch ich Schutz brauchte. Deshalb konnte ich den von Paul spüren und entsprechend mit ihm umgehen. Das kleine Mädchen in der Klinik in Aachen hat ebenfalls einen Kokon um sich, das habe ich bereits beim ersten Besuch wahrgenommen. Wird es mir gelingen, zu ihrer Seele durchzudringen, wie es mir bei Paul gelungen ist?

Ich rufe in der Klinik an und frage, ob sie mich für ein paar Tage aufnehmen, damit das Baby und ich uns aneinander gewöhnen können. Auf dem Weg dorthin gehen mir viele Gedanken durch den Kopf. Ich bin nicht hochschwanger, ich verspüre keine Wehen. Trotzdem kann es sein, dass ich in kurzer Zeit die Mama eines Babys bin. Nein, das Leben läuft nie nach Schema F ab. Das Leben ist bunt und vielfältig und geht seine eigenen Wege. Wieder einmal kommt mir Silke in den Sinn und die Erbkrankheit, die ich in mir trage. Ist das eigene Kind eine Frage des Taschenrechners, weil eine hohe Wahrscheinlichkeit besteht, es könnte behindert zu Welt kommen? Ist es mein Wissen um die Folgen der Krankheit, die mir nie aus dem Kopf gehen? Die spinale Muskelatrophie Typ 1 zwingt Kinder ihr Leben lang in den Rollstuhl. Am Ende ersticken sie qualvoll. Diese Behinderung durch Muskelschwund ist nicht vermeidbar. Anders ist es bei den Behinderungen der Kinder, die bei mir leben – auch bei diesem Baby, das ich im Arm halten werde. Auch da war Alkohol im Spiel, dazu Drogen. Ginge es nach meinen Regeln, würde ich gar nicht ins Krankenhaus fahren müssen. Das Baby wäre gesund auf die Welt gekommen. Die Frage, ab ins Heim oder finden wir vielleicht doch eine Pflegemutter, müsste nie gestellt werden.

So gerne würde ich meine Gedanken mit jemand teilen. Doch ich sitze alleine im Auto, niemand ist bei mir. Warum nicht, frage ich mich. Weshalb muss ich all diese großen Schritte alleine gehen? Die Autobahn vor mir ist ein endlos langer grauer Streifen, rechts und links begrenzt durch ein grünes Band aus hohen Büschen. Wie in einer Blase bewege ich mich vorwärts. Alles, was ich an Sinneseindrücken aufnehme, nehme nur ich auf. All die Bilder, all die Gerüche, alle meine Stimmungen möchten gerne geteilt werden und bleiben doch ganz bei mir. Es gibt niemand, der Ähnliches erlebt; es gibt niemand, der Ähnliches fühlt; und wenn ich ehrlich bin, gibt es keinen, mit dem ich das teilen kann. Auch Dietmar nicht. Er weiß nicht, dass ich fühlen kann, was Kinder wie Sascha, Paul und Cora fühlen.

Als ich auf dem Parkplatz der Klinik aus dem Auto steige, enden diese kreiselnden Gedanken, die mich immer mal wieder heimsuchen. Mit festem Schritt steuere ich die Kinderabteilung an. Dort wartet ein süßes Mädchen auf mich. Cora steht auf dem Schild, das an ihrem Bettchen hängt. Während ich mich einrichte, kann ich die Beziehung, die ich zu ihr aufbauen werde, schon spüren.

Die nächsten vier Tage kümmere ich mich rund um die Uhr um Cora. Ab und zu lege ich sie in den Kinderwagen. Ist das schön! Ich schiebe einen richtigen Kinderwagen! Ich lache. Würde ich damit nicht jedem Hobbypsychiater einen guten Anlass geben, mir einen Vortrag über verdrängte Kinderwünsche zu halten? Und dass ich mit der Aufnahme behinderter Pflegekinder diesen Kinderwunsch kompensiere?

»Sei's drum«, sage ich fröhlich zu mir selbst. »Das ist dann wohl mein psychischer Knacks. Im Übrigen haben fast alle Menschen eine biografische Motivation für das, was sie tun. Auch Psychologen.«

Cora und ich sind draußen im Park angekommen. Eine junge Frau mit Kinderwagen schaut auf meinen Bauch.
»Wow«, sagt sie, »ich bin ganz neidisch. Sie sind schon wieder so dünn. Ist es ihr erstes Kind?«
»Oh nein«, antworte ich. »Mein drittes. Und alle sind behindert!«
Die Frau sieht mich mit großen Augen an. Das Wort »behindert« steht auf einmal zwischen uns. Entweder lässt es kein weiteres Gespräch zu, oder sie wird sich dafür interessieren, was dahintersteckt. Ich atme unwillkürlich auf, als ein Lächeln über ihr Gesicht zieht.
»Das ist ...« Sie sucht nach Worten. Ein harter Schicksalsschlag? Oder kann es auch andere Gründe haben? Ich helfe ihr und beginne zu erzählen. Am Ende ziehen wir mehrere Runden durch den Park, Seite an Seite mit unseren Kinderwägen. In einem liegt ein sogenanntes nicht behindertes Kind. Im anderen liegt ein sogenanntes behindertes Kind. Beide haben mehr gemeinsam, als viele Menschen glauben. Vor allem eint sie ihr Recht auf eine Familie. Auch davon spreche ich, weil es der Grund ist, weshalb ich hier bin. Es ist ein Moment voller Freude, mit der jungen Mutter und zusammen mit unseren Kindern durch den Park zu spazieren.
»So sollte es immer sein«, denke ich. »Was ich dazu beitragen kann, will ich tun!«

Es kommt einiges auf mich zu, was ich tun muss. Die freudigen Momente im Park werden abgelöst von der sterilen Umgebung eines Raums in der Klinik. Ein junger

Assistenzarzt gibt mir eine Einweisung in Erster Hilfe bei Säuglingen. Er erklärt mir den Monitor, der Coras Atmung überwacht.

»Sie ist ein Extremfrühchen«, sagt er. »Und kam mit 620 Gramm Gewicht auf die Welt.«

Der Monitor piepst, und sofort denke ich an Paul. Nein, ich denke nicht nur an ihn, ich fühle ihn – und seine Panik, sobald etwas piepst. Zum Glück bin ich mit ihm schon so weit, dass er diese Angst jetzt verstehen und mit ihr umgehen kann. Das meine ich, wenn ich davon spreche, den Kokon zu durchdringen.

»Mindestens ein Jahr«, fährt der Arzt fort. »So lange werden Sie das Gerät auf jeden Fall brauchen.«

Anders als heute bin ich damals noch unsicher. »Kriege ich das in mein Auto?«, frage ich.

»Wenn Sie keinen Fiat 500 fahren schon«, sagt der Arzt. Ich bin ihm dankbar dafür, dass er es mit Humor probiert.

Gehe ich heute an Häusern vorbei, bei denen Nachbarn oder Freunde einen Storch aus Holz mit einem Babytuch im Schnabel aufgestellt haben, um die Ankunft eines Neuankömmlings zu verkünden, schlägt mein Herz immer höher. Ich liebe es, wenn die Umgebung an diesem freudigen Ereignis teilnimmt und die Familie zur Babyparty einlädt. So etwas wünsche ich mir, als ich mich mit Cora auf den Weg nach Hause mache. Immer sie und den Monitor im Auge, lege ich die weite Strecke zurück. Dort angekommen, erwarten uns kein Storch und keine Babyparty. Dafür habe ich für alles andere gesorgt, was unser neues Familienmitglied benötigt: Ich habe einen wunderschönen Kinderwagen gekauft, hübsche Strampler, bunte Söckchen. Ich trage Cora ins Schlafzimmer und lege sie in ihr Bettchen.

»Nur das nicht!«, bin ich gewarnt worden. »Wenn du das tust, kriegst du sie nie wieder aus eurem Zimmer raus.«

Tu, was dein Herz dir sagt! Mir sagt es, dass Cora hier am besten aufgehoben ist. Da liegt sie, winzig klein und leise vor sich hin schnorchelnd. Ich kann mein Glück kaum fassen! Ich liebe dieses Mädchen schon jetzt so sehr, dass ich Tränen der Freude vergieße. Wie so häufig, bin ich mit diesem Moment allein. Ist geteiltes Glück größer als ungeteiltes Glück? Das mag jeder Mensch für sich selbst entscheiden – für mich aber steht fest, dass sich Glück in der Gemeinschaft vollständiger anfühlt. Gut möglich, dass ich mich Jahre später als Mama Held deshalb für die ganz große Lebensgemeinschaft unter meinem Dach entscheide.

Damals bin ich noch keine Frau der Nordsee, wie ich es heute bin. Trotzdem habe ich schon genug Urlaube als Kind und Ferienfreizeiten im hohen Norden verbracht, um diese unbestimmte Sehnsucht nach dem Wasser zu entwickeln. Baltrum, zum Beispiel, die kleinste der ostfriesischen Inseln. »Baltrum heißt Baltrum, weil man da bald rum ist«, sagen die Leute. Für mich heißt es anders – ich werde bald da sein! Ganz spontan habe ich mich für eine kleine Auszeit auf Baltrum entschieden. Mit Cora, ohne Dietmar, und, Überraschung, mit meiner Mutter. Als sei das nicht genug, kündigt sich auch mein Vater für einen Tag an. Und was für ein Tag das ist! Ein Romanschriftsteller würde wahrscheinlich mit leichter Feder ein großes Drama daraus entwerfen. Das reale Leben, das wieder einmal seine eigenen Wege geht, entscheidet sich anders. Dieser Tag gehört zu den schönsten meines bisherigen Daseins. Äußerlich unterscheiden wir uns nicht von den anderen Touristen, die als Familie unterwegs sind. Da sind Oma und Opa, ihre Tochter, ihr Kind. Sie sammeln Muscheln. Sie gehen in ein Café. Sie lassen sich von der Sonne bescheinen. Sie lachen. Sie sind glücklich. Später denke ich oft über Schein und Sein nach. An diesem Tag gaben wir den Anschein einer normalen Familie. Ich weiß, dass wir es nicht sind. Doch in diesen schönen Stunden ist das alles herzlich egal. Meine Eltern, mein Baby und ich zusammen am Meer. Bei mir verstärkt es den Wunsch, eines Tages im Norden zu leben. Auch bei meiner Mutter löst es etwas aus. Noch im selben Jahr kommt sie auf die Idee, ebenfalls ein Pflegekind aufzunehmen. Ich falle aus allen Wolken. Warum will sie das tun? Cora hat sie nicht als appetitverderbendes Tamagotchi bezeichnet – vielleicht auch nur, weil man ihr als Baby die Behinderungen noch nicht so stark ansieht? Ich kenne meine Mutter gut genug, um berechtigte Zweifel zu haben, ob sie die Aufgabe rund um ein Pflegekind stemmen kann. Wem will sie was beweisen und welchen Schauplatz öffnet sie? Trotzdem stehe ich ihr mit Rat und Tat zur Seite, wie ich es immer getan habe. Da ist es wieder, das Funktionärskind. Obwohl ich seit einigen Jahren auf eigenen Füßen stehe, muss ich erkennen, dass es nie weg war. An Weihnachten 2005, zwölf Jahre nach dem Tod von Silke, nimmt meine Mutter eine Pflegetochter auf. Luise ist sieben Jahre alt. Heiligabend feiern wir bei uns. Dann fahren meine Mutter und Luise nach Hause – und ich werde krank. Richtig krank. Die Magen-Darm-Grippe schüttelt mich durch und ich muss mich unentwegt übergeben. Dietmar ist unterwegs, ich bin allein mit Sascha, Paul und Cora. Vor allem um Cora ist mir angst und bange. Ich gebe ihr noch immer die Flasche und habe schreckliche Angst, sie anzustecken. In meiner Not rufe ich meine Mutter an.

»Kannst du gleich kommen?«, frage ich. »Ich brauche dich.«

Die Stimme meiner Mutter ist tonlos. »Das geht nicht. Du weißt ja, Luise ist schwer traumatisiert. Sie kann nicht woanders schlafen.«

Ich gebe keine Antwort. Es ist so, wie es früher auch war. Das Funktionärskind soll funktionieren.

Am nächsten Morgen, verspricht meine Mutter, wird sie kommen. Die Nacht würde ich schon überstehen. Das kriege ich schon kaum mehr mit. Ich lege den Hörer auf. Ich überstehe die Nacht. Mit einem Eimer neben mir sitze ich auf dem Boden. Immer wieder spucke ich hinein, während ich Cora die Flasche gebe. Zum Glück schlafen die Jungs. Und Cora wird nicht krank. Doch das weiß ich in dieser Nacht nicht.

Wie angekündigt steht meine Mutter am nächsten Tag auf der Matte. Sie hat Luise dabei, und frische Brötchen.

»Warum willst du keins?«, fragt sie.

Die Antwort erspare ich mir. Fröhlich erzählt mir meine Mutter, dass sie mit Luise nach Holland fährt.

»Wir bleiben über Silvester dort«, sagt sie und beißt herzhaft in ein Marmeladenbrötchen.

Etwas zerbricht. Ich habe gerade eine der schlimmsten Nächte meines Lebens hinter mir, weil meine Mutter mir nicht zur Hilfe kommen wollte. Dafür nutzte sie wie früher eine Ausrede, um diese, auch wie früher, wenige Stunden danach schon wieder zu vergessen. Ich frage nicht, warum sie mit Luise nicht bei mir, aber in Holland übernachten kann. Ich werde nur sehr traurig. Kürzlich waren wir eine glückliche Familie auf Baltrum gewesen. Doch die frische Beziehung, die ich zu meiner Mutter gefunden habe, steht auf tönernen Füßen. Einer der Füße ist eben abgebrochen.

Seit damals widme ich mein Leben behinderten Pflegekindern. Immer wieder muss ich mir Vorwürfe anhören, warum ich mich mit ihnen abgebe.

»Sie verdienen Geld damit, geben Sie's zu«, sagen manche. Andere wühlen in der Psychokiste. »Denen kann man leichter sagen, wo's langgeht.«

Auch blühender Blödsinn bleibt Blödsinn, daran lässt sich nichts ändern. Ich bekenne jedoch offen, dass ich mir Hoffnungen machte, dass Cora ein fast gesundes Kind sein kann. Die Hoffnung als Triumph über die Erfahrung, weil meine Erfahrung sagte: Wenn bei Coras Bauchmama synthetische Drogen während der Schwangerschaft im Spiel waren, wird das Kind mit hoher Wahrscheinlichkeit bleibende Schäden davontragen. Dagegen steht: Wann immer ich mit Cora in die Klinik komme, sind die Ärzte von ihr begeistert. Die Prognosen sind gut. Also glaube ich an das Wunder und daran, dass mein Kind beste Chancen hat. Gleichzeitig bemerke ich, worüber ich nicht hinwegsehen kann: Das Mädchen ist anders als die anderen Babys. Manchmal schaut sie »seltsam« aus ihren Augen. Manchmal packt sie Jähzorn. Manchmal liegt sie in Bauchlage auf ihrer Decke und beginnt blindlings mit Händen und Füßen auf den Boden einzuschlagen. Wie viele Nächte wacht sie schreiend auf? Ich zähle sie nicht. Wie oft nehme ich sie hoch, nur um zu sehen, wie ein unbekannter Schrecken aus ihren Augen starrt? Welche Albträume treiben das Mädchen um? Was sieht sie, was wir anderen nicht sehen können? Sie zittert am ganzen Körper und ich lege ihr Köpfchen auf meine Schulter. Da beißt sie zu. Sie hat nur vier Zähnchen, und doch mahlt ihr Kiefer so stark, dass es ein glatter Durchbiss wird. Ich erzähle den Ärzten davon, die schütteln den Kopf. Niemand spricht die Diagnose aus, die erst später allmählich unseren Alltag beherrscht: Frühkindlicher Autismus.

Als ich Cora in der Kinderklinik aufsuchte, sah ich ein schwächliches Baby. Auf meine Nachfrage erfuhr ich, dass sie lange intubiert war – viele Wochen lang hatte sie einen Schlauch im Hals. Was das für Folgen hat, weiß ich: Der Schlauch im Hals erweckt Todesängste. Nun brauchen wir uns nur vorzustellen, wie wir reagieren, wenn wir über eine so lange Zeit von derart existenziellen Ängsten beherrscht werden. Bei Cora schlägt sich die Angst auch im Essen nieder. Die nächsten vier Jahre wird sie nichts zu sich nehmen, wo auch nur das allerkleinste Stückchen darin zu finden ist. Alles muss ultrafein püriert werden. Sobald sie etwas Festeres im Hals spürt, schlägt ihr Gehirn Alarm und sie erbricht sich in hohem Bogen.

Wann bringen Kinder ihre Eltern zur Verzweiflung? Wenn es ums Essen geht. Privat als auch in meiner Funktion als Vorsitzende des Bundesverbandes behinderter Pflegekinder werde ich oft zu diesem Thema befragt. Welche Mechanismen zum Tragen kommen, musste ich lernen, weil uns Autisten bei diesem Thema den Spiegel vorhalten. Und das wissen wir in der Zwischenzeit: Cora ist eine Autistin.

Beginnen wir damit: Essen ist ein Machtinstrument. Das kann jeder nachvollziehen, der bei seinem Kind die Essensverweigerung miterlebt. Das kann Eltern zur Weißglut treiben. Und beim Essen hört dieses Machtspiel nicht auf. Auch die Ausscheidung der Nahrung gehört dazu.

Einem Baby geht es allein ums Überleben. Deshalb schreit es, wenn es Hunger hat, wenn es sein muss über viele

Stunden. Kommen in den Entwicklungsphasen eines Kindes Traumata vor, kann das zu großen Defiziten führen. So weiß man heute, dass Kinder, die in ihrer analen Phase zwischen dem zweiten und dritten Lebensjahr unterbunden werden, Waschzwänge entwickeln. Kinder, die man in der oralen Phase nach der Geburt bis zum zweiten Lebensjahr ausbremst, kriegen Essstörungen. Daraus kann Magersucht entstehen, die auch ein Machtspiel ist: »Wenn du mich verlässt / nicht liebst / nicht akzeptierst, esse ich nichts mehr.« So entwickelt sich bei Kindern das Essen als Mittel, sich auszudrücken. Bei den einen wird Essen Ersatzbefriedigung wegen mangelnder Zuwendung. Bei anderen wird Nichtessen Streben nach Kontrolle.

Ausscheidung bedeutet: das Kind muss etwas hergeben. Viele Kinder vermeiden den Gang zur Toilette, weil sie etwas von sich in die Ungewissheit abgeben sollen. Kinder, die Verlustängste haben, behalten diese Einstellung sehr lange. Autisten können ohnehin nur schwer etwas hergeben. So kann es zu einem tagelangen Stuhlverhalt kommen, den man nur mit Einläufen in den Griff kriegt. Das ist eine überwältigende Maßnahme, die den Ausgang der Situation nicht besser macht. So ist es nicht verwunderlich, wenn Eltern am Verzweifeln sind, weil das Kind nicht isst und nicht regelmäßig ausscheidet. Es hilft zu wissen, dass es sich dabei um die elementarste Kommunikationsform handelt. Diese wird auch von Menschen mit geistigen Beeinträchtigungen beherrscht. Was man von ihnen lernen kann, hilft im Umgang mit jedem Kind.

Was habe ich bei Cora gemacht? Ich akzeptiere das Pürieren des Essens und erzwinge nichts. Trotzdem bin ich guter Hoffnung, dass sich eines Tages die Dinge von selbst ändern. Es muss der richtige Zeitpunkt kommen. Dieser kommt an einem lauen Sommerabend. Ich habe im Garten den Grill angemacht. Mit ein paar Freunden und den Kindern sitzen wir zusammen. Cora deutet auf den Grill und sagt ein paar Worte in ihrer Sprache.

»Oha«, denke ich. »Womöglich ist es so weit.«

Ohne das geringste Aufsehen nehme ich ein Stück Fleisch und reiche ihr einen Teller. Sie isst, als wäre es das Normalste von der Welt. Ich könnte hüpfen vor Freude, tue es aber nicht. Was normal wird, soll als normal angesehen werden.

Was ist passiert? Die Lust, ein Stück Grillgut zu essen, überlagert im Gehirn die dort abgespeicherten Todesängste. Von diesem Tag an muss ich nie wieder Essen für Cora pürieren. Sie hat ein großes Stück Vertrauen und Bindung gewonnen, was ich als ein grandioses Geschenk betrachte. Bei allen meiner behinderten Pflegekinder geschieht etwas, das eigentlich selbstverständlich sein sollte: Sie lernen bei mir das normale Leben kennen. Denke ich beispielsweise an Sascha, fällt mir sofort ein, wie er an meiner Seite zum ersten Mal in seinem Leben einen Supermarkt betreten hat und mit eigenen Augen sah, wie eingekauft wird. Eine Banalität? Nicht, wenn man diese Welt noch gar nicht kennt. Ich erinnere mich gut daran, wie seine Augen strahlten! Bis dahin war Sascha auch noch nie in einem Auto gefahren. In Volmarstein war er mit einem Bus die fünfhundert Meter gefahren worden, die zwischen dem Wohnheim und der Schule lagen. Danach ging es denselben Weg wieder zurück. Im Heim selbst wurde er um 17:30 Uhr bettfertig gemacht. Bei mir erlebt er, dass nach dem Einkaufen die Sachen weggeräumt und das Essen zubereitet werden muss. Wir besuchen den Zoo und fahren ins Disneyland. Im Kino sehen wir uns »Herr der Ringe« an. Danach weiß Sascha, was ein Hobbit ist. Es gibt vielleicht Menschen, die der Ansicht sind, dass so etwas nicht wichtig ist. Ich finde schon. Ich möchte, dass auch Kinder mit Behinderungen das Leben wahrnehmen können wie alle anderen auch. Für mich ist es das Normalste der Welt und heute weiß ich, dass Inklusion für mich schon immer da war – nur das Wort kam später. Das habe ich zu diesem Zeitpunkt bereits »rückwärts« verstanden, während alle noch mit dem »Vorwärtsverstehen« beschäftigt sind.

Während Sascha die Normalität kennenlernt und genießt, werden bei Cora die Anzeichen des frühkindlichen Autismus immer stärker. Da gibt es viel für mich zu tun, um mit den Auswirkungen fertig zu werden. Gleichzeitig fordert mich Paul. Ich kann viele seiner Verhaltensweisen nicht mehr richtig deuten. Das macht mir zu schaffen, weil die Unsicherheit wächst, ob ich bei ihm den richtigen Ansatz finde. Paul hat das fetale Alkoholsyndrom im Vollbild, also in voller Ausprägung. Um das zu verstehen, gibt es viel, was ich dazulernen muss. Lange Zeit beschäftige ich mich mit der Entwicklung des Gehirns beim Ungeborenen. Da gibt es einen Bereich, den man Präfrontalcortex oder Stirnlappen nennt. Er liegt direkt hinter der Stirn und reift beim Kind im Bauch seiner Mama als eine der letzten Hirnregionen aus. Dort werden unsere Impulse kontrolliert und dort sitzt die Fähigkeit zu planen. Alles, was in diesem Gehirnbereich passiert, hilft uns, Folgen unserer Handlungen zu überdenken. Ob wir etwas als »gut« und »nicht gut« einschätzen, wird hier festgelegt. Bei Kindern mit fetalem Alkoholsyndrom im Vollbild ist der Präfrontalcortex stark beeinträchtigt. Mit anderen Worten: Sie sind nur schwer oder nicht in der Lage, die Konsequenzen ihres Tuns zu begreifen.

Zu dieser Zeit kenne ich schon einige Erlebnisse von Pflegeeltern, die damit konfrontiert sind. Die Mutter einer Zwölfjährigen berichtet, wie extrem ihre Tochter sie beschimpft, weit über jeden üblichen Protest einer Heranwachsenden hinaus. Eine andere Mutter berichtet von ihrem Sohn, der brüllend durch das Haus rennt, dazu mit einem spitzen Gegenstand bewaffnet. Aggression, soziale Auffälligkeiten und sogar kriminelle Handlungen entstehen, wenn durch FAS geschädigte Kinder und Jugendliche nicht erkennen können, was anderen völlig klar ist. Wieder einmal wird mir flau im Magen, wenn ich daran denke, dass all diese seelischen, geistigen und körperlichen Einschränkungen vermeidbar sind. In den Kliniken für Geburtsmedizin der Berliner Charité gaben bei einer Umfrage unter Schwangeren neun Prozent der Teilnehmerinnen an, dass sie Alkohol trinken. Keine konnte sagen, wie viel zu viel ist. Dabei gilt die sogenannte Null-Option: gar kein Alkohol. Schon die geringste Menge ist schädlich für das Ungeborene.

Weil ich es mir zur Aufgabe mache, meinen Kindern mit Behinderung die normale Welt begreiflich zu machen, nehme ich auch Paul mit in den Supermarkt. Traumatisierte Kinder wie er finden überall ihre Trigger. Dieses Wort bedeutet »Auslöser«. Es wird verwendet, wenn man beschreiben will, warum das Kind etwas tut, was wir auf den ersten Blick nicht verstehen. Bei Paul ist ein Trigger, dass er die Waren aus dem Wagen nimmt und über den Kassenscanner wirft. Er tut das, weil er helfen will, aber nicht weiß, wie der Vorgang richtig gemacht wird – auch nicht, wenn ich es ihm erkläre. Kinder und Jugendliche mit fetalem Alkoholsyndrom benötigen klare Regeln, also Gebote und Verbote. Das macht ihnen das Leben wesentlich leichter. Doch Paul ist ja so ein süßer kleiner Junge. Als ich es ihm verbiete, Waren über den Scanner zu werfen, greift die Kassiererin ein.

»Oh, lassen Sie ihn doch«, sagt sie gutmütig. Sie greift nach der von Paul weggeworfenen Ware, legt sie zurück aufs Band, um sie dann zu scannen. Was kann ich tun? Ihr erklären, was das FAS bedeutet? Hier an der Kasse einen Vortrag über die Schädigung des Präfrontalcortex halten, während hinter uns die Schlange immer länger wird? Meinem Kind diesen seelischen Striptease zumuten?

Natürlich mache ich es nicht. Mit einem Auge und einer Hand versuche ich Paul unter Kontrolle zu halten, mit dem anderen Auge und der anderen Hand verstaue ich Waren in die Taschen. Was ich als exemplarischen Vorfall schildere, geschieht täglich. Die Alternative wäre, Paul nicht mehr mitzunehmen. Das würde bedeuten, ihn nicht am Leben teilhaben zu lassen. Das kommt nicht infrage. Also bringe ich ihm bei, sich an der Kasse hinter mich zu stellen und den Kopf an meinen Rücken zu lehnen. Das macht er gerne, weil es ihn das Piepsen der Kasse besser aushalten lässt.

»Ich will mich ja nicht einmischen«, mischt sich eine Frau ein. »Aber warum muss Ihr Junge hinter Ihnen stehen? Das ist echt komisch.«

So, ist es das? Überhaupt, was geht dich das an?, denke ich. Wieder wäre ein Vortrag darüber fällig, was passieren kann, wenn eine Mutter in der Schwangerschaft Alkohol trinkt.

»Dann muss ein kleiner süßer Junge Todesängste ausstehen, weil die Kasse piepst. Dann fängt er an, Ihren Einkaufswagen auszuräumen und die Eier darin über den Scanner zu werfen. Seien Sie nicht beunruhigt, er will nur helfen.« Auch das alles sage ich nicht. Der Satz »das ist echt komisch« ist noch harmlos. Ich höre auch andere Sachen:

»Wie erziehen Sie denn Ihr Kind? Wenn man da überhaupt von Erziehung sprechen kann.«

Als ich vor ein paar Tagen mit Erik im Supermarkt bin, steuere ich den vollgepackten Wagen an die Kasse. Da tritt ein wohlbeleibter Mann auf mich zu. Unwillkürlich zucke ich zusammen. Hat Erik etwas getan, was ich nicht mitbekommen habe?

»Ich kenne Sie!«, ruft der Mann. »Sie sind Mama Held!«

Vorsichtshalber nehme ich Erik an die Hand.

»Ich habe Sie im Fernsehen gesehen! Das ist großartig, was Sie tun! Ganz toll, weiter so. Wollte ich Ihnen nur mal sagen!«

Damit dreht er sich um und verschwindet zwischen den Regalen. Ich habe einen Schreck gekriegt und es dauert eine Zeit lang, bis ich mich freuen kann. Offenbar machen wir Fortschritte. Je mehr Menschen bewusst wird, welche Folgen Alkohol in der Schwangerschaft hat, desto größer wird ihr Verständnis sein.

Bei mir braucht Paul weder eine Magensonde noch einen Sensor, der ihn mit dem Herz-Atem-Monitor verbindet. Natürlich ist auch der Schlafsack mit den Gurten – ich sollte besser sagen: die Zwangsjacke – aus seinem Leben verschwunden. Nicht verschwunden sind die Folgen dieses Traumas. Als wir den Schlafsack wegwerfen, wundern wir uns über die Kratzspuren darauf. Sie stammen nicht von Paul, denn seine Arme waren fixiert. Zunächst mache ich mir keine weiteren Gedanken. Dann stelle ich fest, dass Paul eine Geschichte mit Katzen hat. Wann immer er eine sieht, ändert sich seine Stimmungslage von einer Sekunde auf die andere. Warum nur, frage ich mich. Dann fallen mir die Kratzspuren wieder ein. Schlagartig wird klar: Während Paul nachts festgebunden war, haben es sich Katzen auf dem Schlafsack bequem gemacht. Er diente ihnen als Katzenbett. Haben die Tiere nicht nur den Sack mit ihren Krallen bearbeitet, sondern auch das Kind? Das lässt sich nicht mehr feststellen. Tatsache ist nur, dass Paul extrem auf Katzen reagiert. Schafft er es, an eine ranzukommen, streichelt er sie liebevoll. Dann kippt seine Gefühlslage. Er versucht sie zu quälen und lacht hämisch. Ich schreite sofort ein, als das zum ersten Mal passiert. Danach zittere ich am ganzen Körper. Ich komme mir vor wie in einem Horrorfilm, wo aus einem gefühlvollen Menschen auf einmal eine zombieartige Kreatur wird.

In einem Buch wie diesem muss ich viele Ereignisse zusammenfassen. Ich will nicht, dass dadurch ein falscher Eindruck entsteht. Wie Sascha und Cora entwickelt sich Paul prächtig. Das Leben in unserer Familie bekommt ihm gut. Wir erleben viele wunderbare Momente, in denen ich mich glücklich schätze, dass ich den kleinen Jungen aus dem ewigen Kreislauf Klinik – Heim – Klinik – Heim befreien konnte. Es wird mir jedoch von Tag zu Tag bewusster, dass nicht jeder mein Wissen über die Auswirkung von FAS hat. Im Kindergarten zum Beispiel schüttelt man den Kopf und greift zum Telefon.

»Frau Held, wir müssen über Paul sprechen«, heißt es.

Dabei wollen die Erzieherinnen nicht über ihn, sondern über mich sprechen.

»Sie sind zu streng«, sagen sie. »Malen Sie nicht immer den Teufel an die Wand.«

Ich gehöre nicht zu den Menschen, an denen Kritik abperlt wie Fett an einer Teflonpfanne. Bin ich wirklich zu streng?, frage ich mich. Übertreibe ich, wenn ich darum bitte, Paul nicht danach zu beurteilen, was er tut, sondern darauf zu achten, was er tun kann?

Es ist ein integrativer Kindergarten, daher ist Paul nicht das einzige besondere Kind. Die Betreuungsquote ist hoch. Trotzdem ist er eines Tages spurlos verschwunden. Keiner hat gesehen, wie er sich aus dem Staub gemacht hat. Oder entführt wurde. Die Polizei schaltet sich ein. Die Aufregung ist riesig. Zum Glück finden wir Paul. Ich tröste ihn, aber ich mache ihm auch die Regel klar, dass er nicht weglaufen darf. Den Erzieherinnen ist das zu streng. Dann bekomme ich den nächsten Anruf aus dem Kindergarten.

»Paul hat viel Sand gegessen. Wir konnten nicht rechtzeitig reagieren. Sollen wir den Krankenwagen holen?«

Ich koche innerlich. Das wäre vermeidbar gewesen.

»Nein, ich komme!«, sage ich. Ich hoffe, wir kommen ohne Arzt zurecht, weil jeder Krankenhausaufenthalt unsere empfindliche Beziehung stört.

Auch Erzieherinnen sollten konsequent sein. Das ist moralisch nicht verwerflich. Doch mit dieser Bitte dringe ich nicht durch. Bis ich wieder einen Anruf erhalte.

»Wir mussten wegen Paul die Giftnotrufzentrale alarmieren. Er hat Joghurt getrunken. Es war nur kein Joghurt, sondern Gips.«

Wieder rase ich in den Kindergarten, und diesmal müssen wir wirklich in die Notaufnahme. Wieder koche ich. Natürlich, ich kann Paul aus dem Kindergarten nehmen, wenn sie es dort nicht verstehen. Aber ich will das nicht. Er soll wie die anderen Kinder seine Chance haben. Ich ahne nicht, wie schnell der Tag naht, an dem die Frage, ob ich Paul aus dem Kindergarten nehme, nicht mehr gestellt werden muss. Der Anruf kommt. Dieses Mal ist es die Leiterin selbst.

»Nach diesem Vorfall«, sagt sie, »möchten wir nicht, dass Paul länger bei uns ist.«

Was ist geschehen? Auf einem Bauernhof in der Nähe veranstaltet der Kindergarten ein Fest. Die Kinder, die in die Schule kommen, werden verabschiedet. Es herrscht fröhliche Stimmung. Auf einmal höre ich eine Frau rufen: »Wer von euch will die Katzenbabys sehen?«

Ach du Gütiger, denke ich, als alle Kinder rufen: »Ich! Ich! Ich auch!«

Paul übertönt sie: »Ich, Mama, ich! Bitte! Bitteeeeeeeeeee!«

Schon starten die Kinder los. Ich halte Paul zurück.

»Nein«, sage ich. »Du bleibst bei mir.«

Klare Regeln, wie gesagt. Für einen traumatisierten Jungen mit beschädigtem Präfrontalcortex sind sie unerlässlich. Für manche Erzieherin sind sie offenbar unerträglich.

Eine von ihnen kommt auf mich zu. Ihre Stimme ist schroff.

»Frau Held«, sagt sie. »Was Sie wieder haben. Jetzt lassen Sie den Jungen doch. Ich habe den Eindruck, das ist mehr Ihr Problem als seines.«

Sie nimmt Paul an der Hand und marschiert mit ihm zu den Katzenbabys. Ich folge ihnen stumm, bloßgestellt und gedemütigt. Die Erzieherin reicht Paul ein Glas gefüllt mit

Leckerlis. Sie lächelt in die Runde, als mein Kind liebevoll ein Katzenbaby füttert. Einen Moment später schlägt er das Glas auf das Tier. Er steht auf, tritt es, packt ein anderes, reißt an ihm. Um mich herum halten Eltern ihren Kindern die Augen zu. Bis ich eingreifen kann, sind zwei Katzenbabys tot. Paul zittert am ganzen Körper und weint. Ich nehme ihn hoch und wiege ihn im Arm.

»Nie wieder«, sage ich zu ihm, »nie wieder, versprochen, nie wieder!«

Weinend wiederholt er den Satz. Er formuliert ihn als Frage, wie er es immer tut.

»Nie wieder, Mama?«

Er kann gar nicht mehr damit aufhören.

»Nie wieder, Mama? Nie wieder, Mama? Nie wieder, Mama?«

Für die Leiterin des Kindergartens spielt es keine Rolle, ob ihre Angestellte einen Fehler gemacht hat. Man hat sich zusammengesetzt und einstimmig beschlossen, dass Paul keinen Platz mehr hat. Sie spricht es nicht aus, doch die Andeutungen sind klar.

»Ihr Kind ist ein Monster.«

Ich mache mir selbst die größten Vorwürfe.

»Du weißt, was Paul durchmachen musste«, sage ich zu mir selbst. »Du weißt, welche Folgen das alles für ihn hat. Warum hast du ihn verlassen?«

Das ist, was ich verspüre. Im Moment, als die Erzieherin mich zurechtstutzt, Paul an die Hand nimmt und zu den Katzenbabys führt, habe ich ihn verlassen. Anstatt »Moment!« zu rufen und mein Verbot zu bekräftigen. Klar, ich wäre einmal mehr vor den anderen als herzlose Pflegemutter dagestanden, doch was kümmert mich mein Ruf?

In diesen bitteren Stunden wird mir deutlich, dass ich die Folgen des fetalen Alkoholsyndroms bei Paul nur dämpfen kann, aber nicht kontrollieren oder sogar beherrschen. Ich muss befürchten, dass es in den kommenden Jahren noch extremer wird.

Genau das passiert. Die Suche nach Reizen bei einem Kind oder einem Heranwachsenden mit fetalem Alkoholsyndrom machen den Alltag schwierig. Der Betroffene muss sich selbst spüren. Da er die Folgen seines Tuns nicht einschätzen kann, entstehen dadurch sehr gefährliche Situationen. Immer häufiger muss ich in der Nacht Wache an Pauls Bett halten, weil er beginnt, sich die Wimpern auszureißen. Oder er drückt seinen Mund so lange auf die Bettkante, bis die Mundwinkel einreißen und er sich erbricht. Erbrochenes und Kot wirft er durchs Zimmer. Immer wieder komme ich an die Grenzen dessen, was ich aushalten kann. Immer wieder versuche ich, diese Grenzen nach außen zu drücken.

»Du darfst ihn nicht nochmals verlassen, Kerstin«, ermahne ich mich.

Da habe ich eine Idee, die uns eine Zeit lang Erleichterung verschafft. Wir verständigen uns darauf, die Tage in »graue Tage« und »blaue Tage« einzuteilen. Gleich nach dem Aufwachen sagt mir Paul, ob heute ein grauer oder ein blauer Tag ansteht. Er spürt sehr genau, in welcher Verfassung er ist, und kann es mir auf diese Weise verständlich machen. Sagt er grau, antworte ich:

»Oh! Dann machen wir uns heute auf zur blauen Mission! Was meinst du Paul, sollte der Tag nicht eine neue Farbe kriegen? Er soll sich von grau zu blau wandeln!«

Ich lasse mir auch gleich was einfallen, an dem er Freude hat.

»Wie wäre es, wenn wir Pfannkuchen backen?«

»Oh ja, Mama! Pfannkuchen backen!«

Das klingt schon nach mehr Blau als Grau. Ich erinnere mich, wie Paul am Anfang nur wenige Vokale herausbrachte. Wir haben es über Einzelwörter und Zwei-Wörter-Sätze geschafft, dass er heute seine Gedanken formulieren kann. Oft bin ich hin und weg, wie scharfsinnig er dabei ist. Wie vor ein paar Wochen, als ich das Radio einschalte. Eben wird die Sendung durch den Verkehrsfunk unterbrochen. Als der Sprecher damit durch ist, fällt mein Blick auf den Jungen. Paul blickt aus dem Fenster, nimmt seinen Schnuller aus dem Mund und sagt: »Also auf der A1 ist doch immer Stau.«

Als wir jetzt Pfannkuchen backen, wird der graue Tag noch blauer. Wie immer pappt mir der erste in der Pfanne an.

»Der gehört mir!«, ruft Paul.

Das stimmt, so lautet unsere Regel. Da ich ihm alles kleinschneiden muss, auch die Pfannkuchen, bekommt er den ersten gleich so. Weil er diese Dinge miteinander verbindet, ist für ihn klar, dass auch ein Ei, das mir eines Morgens missrät, seines ist.

»Mist, da ist ein Ei kaputt gegangen«, sage ich.

»Oh Mama«, antwortet Paul. »Dann ist es meins!«

Er ist ein entzückender kleiner Junge und bereitet vielen Menschen große Freude. Deshalb ist die Kehrseite der Medaille für viele nicht sichtbar. Vielleicht trage ich dazu bei? Meine Zweifel kehren immer wieder zurück. Um Paul zu schützen, tue ich vieles, damit die Außenwelt seine Zwänge, seine Verzweiflung und seine gewaltigen Ausbrüche nicht erlebt. Handle ich dadurch richtig? Weil ich sein so ansprechendes Wesen schützen will? Das wiederum fordert mich den lieben langen Tag. Auf seiner Suche nach Reizen wird Paul immer erfinderischer. An Reißverschlüssen lassen sich Knöchel aufreiben – ich trenne sie heraus. Eine Zeit lang ist es seine Zunge, die ihm zum Kaugummi wird – ich erspare blutige Details. Dann beginnt er die Zehen so lange im Schuh zu reiben, bis sie offen sind. Ich sehe, wie er vor sich hin starrt, während es sich im Schuh verdächtig bewegt. Ich reagiere sofort.

»Paul, lass das bitte!«, sage ich. »Sonst ziehe ich dir die Schuhe aus.«

»Oh«, antwortet er, und kommt aus seiner Traumwelt zurück. »Okay, Mama!«

Er liebt es, Kataloge durchzublättern. Davor schneide ich alle Trigger heraus: Katzen, Werkzeuge, Schlafsäcke, Dosen, Flaschen und andere Verpackungen, die nach Medizin aussehen. Leider vergesse ich die Heftklammer, die den Katalog zusammenhält. Für Paul ist das kleine Metall ein willkommener Reiz. Bevor ich die Gefahr erkenne, hat er die Klammer herausgepult und sie durch die Zunge ins Zahnfleisch gebohrt. Mich schmerzt es in der Seele, wenn Paul sich immer wieder neue Verletzungen zufügt. Ich lerne, ihm einen Schritt voraus zu sein. Das war der letzte Katalog im Hause Held mit Heftklammern.

»Mamaaaaaaaaaa!« Ich weiß, wie laut Paul schreien kann, doch dieser Schrei fährt mir durch Mark und Bein. Wie ein Blitz bin ich bei ihm, leider schon wieder zu spät. Er steht vor der Treppe und ein großer Spielzeugkran hängt in seinem Gesicht. Wie kann das sein? Da sehe ich es. Er hat den Ausleger herausgezogen. Dieser hat einen Haken, den er sich von innen nach außen durch die Wange gestochen hat. Paul schreit nicht aus Schmerz, sondern weil ihm das Spielzeug störend vor dem Gesicht baumelt. Ich packe ihn ins Auto und fahre in Höchstgeschwindigkeit in die Klinik. Der Arzt traut seinen Augen nicht.

»Wie hat er denn das hinbekommen?«, fragt er.

Soll ich sagen, »mit Absicht«, weil er »sich spüren muss«? Der Mann kennt weder Paul noch mich, daher lasse ich es sein. Mit aller Sorgfalt kümmert sich der Arzt um die Wunde. Paul hat nur eine Sorge.

»Mama, läuft jetzt mein Trinken aus dem Loch?«

»Nein, mein Schatz, es wird zugenäht.«

Das passiert auch. In der kommenden Nacht werde ich wach, weil Paul schreit. Als ich bei ihm bin versucht er, sich die Fäden selbst herauszuziehen.

Es ist mir bewusst, dass Paul mit zunehmendem Alter noch mehr Unterstützung braucht. Er ist nicht mehr der Fünfjährige, der 84 Zentimeter groß ist. Die gute Pflege sorgt für einen ordentlichen Wachstumsschub, er nimmt ständig an Gewicht und Kraft zu. In der Zwischenzeit hat er eine Schulbegleitung, eine Assistenz in der Familie und eine psychiatrische Nachtwache. Um diese kämpfe ich wieder einmal wie eine Löwin mit den Behörden. Es braucht eine gerichtliche einstweilige Verfügung, damit die Nachtwache genehmigt wird. Für mich ist sie eine große Entlastung und eine Aufteilung der Verantwortung, die ich unmöglich alleine tragen kann.

Ich musste eine Schreibpause einlegen, weil ich mit Richard in der Kinderklinik war. Seine Magensonde wurde erneuert, da gibt es jetzt ein besseres System. Dazu wurden die Ohren untersucht, die bei ihm besonders anfällig sind. Ein Gesamt-Check-up rundete den Aufenthalt ab. Der zuständige Professor sagte: »Frau Held, ich habe selten so ein gepflegtes Kind gesehen. Wenn man bedenkt, was bei dem Kleinen alles anfällig werden kann. Das machen Sie sehr gut!«

Natürlich freue ich mich über dieses Lob aus berufenem Mund. Auf der anderen Seite denke ich an Paul zurück. Auch bei ihm war es so: Er gedeiht und wächst durch gute Pflege – gleichzeitig wachsen seine Probleme, die ich leider nicht einfach »wegpflegen« kann.

Noch bevor wir in den Norden ziehen, wird es für Sascha Zeit, in sein Leben entlassen zu werden. Viele sagen, dass dies für einen mehrfachbehinderten Menschen gar nicht geht. Ich dagegen sage: Natürlich geht das! In Volmarstein habe ich gelernt, dass das Leben in einer gut organisierten Wohngruppe mit umfassenden Angeboten und verlässlicher Assistenz absolut lebenswert ist. Diese Selbstbestimmtheit bedeutet, dass mithilfe von außerhalb der Familie Teilhabe am Leben der Gemeinschaft zur Selbstverständlichkeit wird. Es macht halt einen wesentlichen Unterschied, ob ein Junge von 15 Jahren von Mama zu einem Kumpel gebracht wird oder von einer Assistenzkraft. Auch mehrfachbehinderte Jugendliche wollen und müssen mal ein bisschen über die Stränge schlagen, und das geht mit einem Assistenten einfach besser. Deshalb bin ich sehr erfreut, als ich für Sascha einen Wohngruppenplatz finde. Er ist nun schon über 20 Jahre alt und bekommt ein Einzelzimmer in einem Einfamilienhaus, in dem weitere vier Menschen mit Assistenzbedarf leben. Nebenan ist die Werkstatt. Dort arbeitet er gerne. Er verpackt Verschlussklemmen für einen bekannten Direktvertreiber von Tiefkühlkost. Zeige ich ihm die Klemmen im Katalog der Firma, ist er unendlich stolz auf sein Werk – und ich mit ihm!

Saschas leibliche Schwester Maike war schon immer ein Teil der Heldenfamilie. Unsere Beziehung wird immer enger, bis sie ihre Herkunftsfamilie aus eigenen Stücken verlässt, um im Alter von 16 Jahren bis zu ihrem Schulabschluss in einer Jugendwohngruppe zu leben. In Stellvertretung für ihre Eltern übernehme ich deren Aufgaben sowie die nötigen Gespräche in der Wohngruppe. Als Maike dann 18 Jahre alt wird, zieht sie mit uns nach Norddeutschland und beginnt eine Ausbildung zur Ergotherapeutin. Heute wohnt sie direkt neben meinem Haus und arbeitet in einer Förderstätte für Menschen mit Behinderung. Zu ihrem 26. Geburtstag wünscht sie sich, ganz zu uns zu gehören. Da der Kontakt zu ihrer Herkunftsfamilie abgebrochen ist, erkundigen wir uns nach den Möglichkeiten einer Adoption im Erwachsenenalter, jedoch zum Minderjährigengesetz. Nur dann wird es auch so in die Geburtsurkunde eingetragen. Wie immer scheue ich all die behördlichen Herausforderungen nicht. Gut zwei Jahre später ist es dann so weit. Bei der lang ersehnten gerichtlichen Anhörung stimmt die Richterin dem Antrag zu. Klar, dass jetzt die Freudentränen fließen – sogar bei unserer Notarin, die uns zum Gericht begleitet. Sage ich heute zu Maike: »Ich bin stolz auf dich, mein Kind!«, meine ich das mit jeder Faser meines Körpers.

Kaum sind wir in Norddeutschland angekommen, erreicht uns die Nachricht, dass Sascha eine schwere Lungenentzündung hatte und nun Intensivpflege braucht, die er jetzt in einer Intensivwohngruppe bei uns in der Gegend bekommen soll. Die Nachricht nimmt mich mehr mit, als ich mir eingestehen will. Paul ist jetzt 15 Jahre alt und sehr anstrengend. Manchmal gerate ich durch ihn in gefährliche Situationen. Ich fühle mich mehr und mehr am

Ende meiner Kräfte. Ob ich will oder nicht, ich muss diese Überlastung anzeigen. Ich schaffe das ganze Pensum nicht mehr, ohne dass ein Kind Gefahr läuft, zu kurz zu kommen oder sogar Schaden zu nehmen.

Damals bin ich nicht so professionell aufgestellt wie heute. Trotzdem kann das wieder passieren. Es gehört zu den schwierigsten Aufgaben, die man als Pflegeeltern hat, sich einzugestehen: Ich schaffe es nicht mehr ohne zusätzliche Hilfe. Und doch gehört es zum Alltag. Auch Eltern leiblicher Kinder kennen diesen Zustand. Dass Cora, Paul und mittlerweile der kleine Richard bei mir leben, liegt ja nur daran, dass deren Eltern oder Bauchmamas überfordert waren. Nun bin ich es selbst mit Paul. Er ist körperlich so stark geworden, dass es für uns gefährlich wird. Nach wie vor kann er nicht einschätzen, welche Folgen sein Tun hat. Nun werden diese Folgen immer dramatischer. Der Zeitpunkt ist da, eine Entscheidung zu treffen und Paul in die Obhut eines Wohnheimes zu geben. Mir bricht es das Herz! In den folgenden eineinhalb Jahren schreibe ich über dreißig Einrichtungen an. Viele von ihnen suchen wir auch auf. Keine will Paul aufnehmen!

»Tut uns leid«, heißt es, »der Junge passt nicht zu uns.«

Allein dieser Satz bringt mich in Rage. Was soll das heißen, er passt nicht zu euch? Ihr seid ein Heim mit besonderen Kindern!

Noch schlimmer ist die Aussage: »Nein, wir nehmen Paul nicht. Er ist für uns nicht tragbar.«

Ich erinnere mich an menschenunwürdige Diskussionen. Ich will wissen, wann ein Mensch für das Heim »tragbar« ist. Ich will wissen, warum ein Junge wie Paul für eine alleinerziehende Mutter mit drei behinderten Kindern tragbar ist?

Einmal hebt mein Gesprächspartner einen besserwisserischen Finger und erklärt: »Frau Held, Sie müssen das Problem lösen. Sonst muss man über eine Alternative für Cora und Richard nachdenken.« Oder: »Frau Held, das haben Sie sich doch so ausgesucht, dann tragen Sie auch die Folgen.«

Worte, die bei mir wie eine Bombe einschlagen. Als der erste Schock überwunden ist, bespreche ich mich mit Fachärzten und der Familienberatung.

»Geben Sie die Vormundschaft ab«, sagen die einen.

»Wir müssen den Jungen in die Psychiatrie einweisen«, sagen die anderen.

Nichts davon will ich – doch am Ende sage ich zu beidem Ja. Ich bin verzweifelt. Nach zwölf Jahren in meiner Familie schicke ich Paul hinaus in eine ihm fremde Welt. Ganz im Stillen denke ich: »Der Tod eines Kindes war leichter zu ertragen als der hoffnungslose Abschied in die Ungewissheit.«

»Wo fahren wir hin, Mama?«, fragt Paul.

»Du ziehst in ein neues Zuhause«, sage ich. Ich darf jetzt nicht weinen. Erst, als das Auto mit Paul weggefahren ist, brechen bei mir alle Dämme. Doch da muss Richard niesen und seine Atmung setzt aus. Schnell wische ich die Tränen ab. Es gibt Wichtigeres zu tun. Ein Kind muss wieder atmen können.

Pauls Wegzug setzt mir lange zu. Ich könnte Trost gebrauchen, stattdessen bekomme ich Vorwürfe.

»Echt, du hast ihn weggegeben? So schlimm war er doch gar nicht«, sagt eine Bekannte. Vielleicht habe ich mir das selbst zuzuschreiben? Ich habe der Welt da draußen lange nicht darüber berichtet, wie schlimm es um Kinder mit fetalem Alkoholsyndrom steht. Pauls Schicksal ist ein Grund dafür, warum ich es jetzt umso intensiver tue.

Andere Leute werden noch deutlicher: »Wenn's ungemütlich wird, schiebt die Held ihre Kinder ab«, heißt es. »Naja, sie hat sich auch nicht richtig gekümmert.«

Auch das bekomme ich zu hören: »Warum auch die Mühe um diese Kinder? Das muss doch nicht sein! Dafür gibt es doch Einrichtungen.«

Keiner von denen, die jetzt laut werden, hat unser Leben nur einen Tag gelebt. Keiner hat die Hand gereicht. Trotzdem höre ich mir alles an. Es macht mich traurig und wütend, und stärkt mich gleichzeitig darin, die Ursache noch vehementer zu bekämpfen. In der Niederlage gewinne ich neue Stärke. Seit Paul an diesem Morgen weggefahren ist, habe ich ihn nie wieder gesehen. Ich weiß, wo er lebt, und ich weiß, dass es ihm gut geht. Jedes Mal, wenn ich in Berlin oder sonst wo für das Recht der Kinder kämpfe, ist er in meinem Kopf. Denn Paul ist und bleibt mein kleiner Muck – für immer und ewig.

DAS HOCH IM NORDEN

Ich nehme einen Teil von dir jetzt mit
und du wirst ihn nicht zurückkriegen.
Und ein Teil von mir wird hierbleiben.
Sunrise Avenue, Hollywood Hills

Ich war nie eine Verfechterin unumstößlicher Meinungen. Vieles, was ich über einen guten Umgang mit Kindern gelernt habe, habe ich von den Kindern selbst gelernt. Wie in jeder Familie kann es dabei auch bei uns mal etwas lauter zugehen, wird gestritten und geweint. Es kann auch vorkommen – das gehört zu den schwierigsten Lernprozessen überhaupt –, dass die gemeinsame Reise nicht weitergeht. Bei Paul ist das der Fall. Der Abschied tut weh, doch er geschieht aus Liebe und aus dem Gefühl der Verantwortung. Wenn eine Reise endet, passiert es oft, dass eine neue beginnt.

Wie oft haben mich jetzt schon Ferienfreizeiten in den Norden geführt? Wie oft träumten wir am Lagerfeuer vom gemeinsamen Haus, das ganz auf die Bedürfnisse von Kindern mit Behinderungen eingerichtet wird? Wie lange werde ich noch davon träumen? Damit aus Träumen Wirklichkeit werden kann, müssen wir mit anderen darüber sprechen, das ist meine Erfahrung. Dann kann passieren, was mir im Jahr 2008 widerfährt. Wir sind wieder in der

Wesermarsch. Wir, das sind meine damalige Lebenspartnerin mit ihrem Pflegekind und eine ganze Anzahl weiterer Kinder und Betreuer. Moment mal, Lebenspartnerin schreibe ich, haben Sie da etwas verpasst? Ja, Dietmar und ich haben uns aus demselben Grund getrennt wie Christian und ich: Ich konnte den verständlichen Wunsch nach eigenen Kindern und »normaler« Beziehung nicht erfüllen. Wir trennen uns im Guten, zum Glück. Dabei passieren allerdings einschneidende Dinge. Das hat auch mit meiner Mutter zu tun. Als sie von der erneuten Trennung hört, taucht sie plötzlich bei mir auf. Ihr liegt viel an Dietmar. Sie überschüttet mich mit Vorwürfen. Alles, was ich jemals über Missbrauch gesagt hätte, sagt sie, sei von mir erfunden worden. Es seien nichts als erlogene Lebensentschuldigungen.

»Halt, halt, halt!« Ich bin aufgebracht. »Du warst mit mir bei der Polizei. Die ging der Sache nach. Der Täter wurde verurteilt.«

An diesem Tag zählen für meine Mutter keine Argumente. Für sie ist es eine ausgemachte Sache, dass ich eine Lügnerin bin, die den Kinderwunsch ihrer Partner nicht erfüllt, weil ihre Sehnsucht nach einer gleichgeschlechtlichen Beziehung im Vordergrund steht. Die seltsame Logik macht mich zornig. Weder der Missbrauch noch die fehlenden leiblichen Kinder haben etwas mit meinem Wunsch nach einer gleichgeschlechtlichen Partnerschaft zu tun. Damals weiß ich noch nichts davon, dass Mütter von Missbrauchsopfern häufig zur Verleugnungs-Strategie greifen, um sich selbst zu schützen. Sie kommen nicht damit klar, dass sie ihrem Kind nicht geholfen haben. Das Motto heißt: Was nicht sein darf, kann auch nicht sein.

Für die Opfer selbst – wie auch für mich – fühlt sich das wie Verrat an. Wir werden ein zweites Mal verlassen. An diesem Tag, ich kann es gar nicht anders sagen, werfe ich meine Mutter aus der Wohnung. Heute kann ich darüber schreiben, ohne dass ich vor Verzweiflung mit Tränen in den Augen mit den Zähnen knirschen muss. Damals heulte ich Rotz und Wasser. Trotz aller Trauer stellt sich mit der Zeit eine gewisse Erleichterung ein. Ich sehe meine Mutter nie wieder. Als sie später an Krebs stirbt, kann ich ihr alles verzeihen und sie aus tiefem Herzen vermissen. Es bleiben die guten Erinnerungen.

Wie schwer die Folgen des Missbrauchs, den ich erfahren habe, wiegen, merke ich, wenn ich es selbst mit missbrauchten Kindern zu tun bekomme. Das ist ja leider nie auszuschließen. Es ist nicht lange her, als mir so ein Fall nahekommt – viel zu nahe sogar. Da lebe ich bereits in Ovelgönne. Eines Tages wird mir Julia vorgestellt. Paul war gerade in sein Leben entlassen worden und wir hatten Platz. Ich erfahre die üblichen Fakten über ihre Biografie, ihre Herkunftsfamilie und ihren Krankheitsstand. Julia ist mit dem Undine-Syndrom geboren. Ihr Atemreflex kann im Schlaf aussetzen, und auch dann, wenn sie sich beim Musikhören oder Fernsehgucken entspannt. Daher hat sie ein Tracheostoma, eine Luftröhrenöffnung, über welche die Atmung zeitweise durch eine Maschine unterstützt wird. Das muss engmaschig überwacht sein, weil da einiges passieren kann, was nicht passieren soll. Ansonsten erfahre ich über Julia nicht viel: Sie ist das jüngste von fünf Kindern und wird im Alter von 11 Monaten in eine Kurzzeitpflege gebracht. Danach geben ihre Eltern sie zur Adoption frei. Nun ist sie neun Jahre alt.

Als ich Julia zum ersten Mal treffe, bin ich, wie immer, besonders aufmerksam. Jeder von uns kennt den Spruch: Der erste Eindruck ist entscheidend. Es ist wissenschaftlich nachgewiesen, dass wir uns innerhalb des Bruchteiles einer Sekunde entscheiden, ob wir jemand sympathisch oder unsympathisch finden. Daher ist es mir so wichtig, schnell einen Kosenamen für künftige Pflegekinder zu finden. Nun erlebe ich ein freundliches und aufgeschlossenes Mädchen, das völlig distanzlos ist. Julia lehnt sich sofort an mich und äußert den Wunsch nach einem Zuhause. Wir spielen, um uns näher kennenzulernen, und ich merke rasch, dass sie komplexe Vorgänge nicht verstehen kann. Dafür bezieht sie mich gleich in ihre Versorgung mit ein, erklärt mir ihre Medizintechnik, berichtet aufgeregt von Aufenthalten in Kliniken und macht klar, dass sie da nie wieder hinwill, unter gar keinen Umständen! Ich habe also ein Kind vor mir, das in der Lage ist, die Fronten deutlich und unmissverständlich zu klären. Die Berichte sagen aus, dass Julia kein fetalalkoholisches Syndrom hat; Alkohol und auch Drogen waren bei der leiblichen Mutter nicht im Spiel. Was ist mit Missbrauch? Es liegen keinerlei Hinweise vor, heißt es.

Ich bin nicht sicher, was ich tun soll, und kann mir meine Unsicherheit nicht erklären. Julias Medizintechnik ist nicht auf dem neuesten Stand, doch das lässt sich regeln. Ihre Distanzlosigkeit überrascht mich, doch das ist es auch nicht. In diesem entscheidenden Bruchteil der Sekunde des Kennenlernens ist jedoch etwas geschehen, das ich nicht ganz einordnen kann. Ich entscheide mich dafür, Julia bei mir ein Zuhause zu geben, spüre jedoch etwas Unbehagen, was ich auf das Alter schiebe. Julia ist schon fertig in der Entwicklung und klar in ihren Aussagen.

Die Anfangszeit gestaltet sich schwierig. Julia schafft es nicht, ihre Versorgung in andere Hände zu legen. Etwas in ihr schreckt davor zurück. Immer wieder versucht sie, die Kanüle zur Luftröhrenöffnung selbst zu wechseln, immer wieder erklärt sie mir die Funktion der Geräte. Hm, denke ich, dieses Mädchen steht unter einem enormen Druck. Was ist es nur? Die neue Umgebung? Oder steckt anderes dahinter? Nach ein paar Wochen scheint sich die Lage zu beruhigen. Die Pflegekräfte und ich haben die Medizintechnik auf den neuesten Stand gebracht, Julia die Kanülen besser angepasst, die richtigen Parameter für die Beatmung herausgefunden und eine stimmige Kooperation in der medizinischen Versorgung zu ihrer neuen Schule aufgebaut. In der Akte heißt es, Julia sei anfällig für Infekte, daher sind wir besonders sorgfältig bei der Pflege. Toi, toi, toi ist es noch zu keinem Infekt gekommen.

Alles in allem entwickeln sich die Dinge gut. Als ich Julia zu mir nehme, kennt sie nur ihre Station in der Klinik. Die Welt draußen ist ihr fremd. Nun fährt sie bereits mit ihrem Roller, lernt, wie man sicher Fahrrad fährt, fängt mit Hip-Hop-Tanzen an, singt im Schulchor und nimmt im Sommer an Sportfestspielen teil. Die Versorgung von Julia ist relativ aufwendig. Nachts ist der Pflegedienst zur Überwachung und Sicherstellung der Beatmung für sie da. Tagsüber wird sie durch eine Krankenschwester in die Schule begleitet. Wir kümmern uns um den Kanülenwechsel und sind bei Notfällen immer parat. Ich sorge dafür, dass Julia Logopädie und Ergotherapie erhält. Dreimal täglich muss sie inhalieren, beim Haarewaschen, Zähneputzen und der Intimpflege nach dem Stuhlgang bekommt sie Unterstützung. Es ist die übliche Herausforderung mit einem Kind im Haus von Mama Held – wenn ich überhaupt von üblich sprechen kann. Jedenfalls könnte ich zufrieden sein – und doch ist da noch immer etwas, das mich unruhig macht.

Am Abend setze ich mich hin und schreibe einen Bericht über Julia. Vielleicht wird mir dadurch einiges klarer? Noch einmal studiere ich die spärlichen Informationen, die ich erhalten habe. Julia ist hilfsbereit und sozialkompetent, steht in einer der Unterlagen. Sie kümmert sich um die Mitbewohner ihrer Wohngruppe, heißt es in einer anderen. Sie kann sich gut alleine beschäftigen.

Seltsam. Ich erlebe das Kind anders. Julia weiß nicht einmal, wie sich alleine beschäftigen funktioniert. Sie malt gerne, jedoch nur, wenn andere mitmalen. Dabei passt sie sich immer dem Niveau ihres Gegenübers an. Ich stutze, als ich den Satz schreibe. Wie ein Detektiv habe ich auf einmal das Gefühl, einer Sache auf die Spur zu kommen. Auf einmal schreibe ich hin, was ich schon lange schreiben wollte, aber mich nicht getraut habe: Neben all dem zeigt Julia auch ein abnormales sexualisiertes Verhalten.

Puh! Da steht es nun, schwarz auf weiß. Ich fertige eine Liste an, als müsste ich mich selbst noch einmal davon überzeugen, was doch eigentlich nicht übersehen werden kann: Julia masturbiert viel. Sie provoziert mit Entblößungen. Auf der Toilette spreizt sie die Beine und sagt: »Das willst du doch sehen.« Sie tanzt anzüglich. Wenn sie Menschen malt, küssen die sich. Wenn sie Tiere malt, küssen die sich. Selbst wenn sie einfach nur Dinge malt, küssen die sich.

In den folgenden Tagen halte ich Rücksprache mit Fachleuten.

»Julias Verhaltensmuster resultiert aus vergangenen sexuellen Überwältigungen«, sagen diese.

So drückt man sich aus in diesen Kreisen: sexuelle Überwältigung. Leider weiß ich viel zu gut, was damit gemeint ist. Ich habe diese sexuelle Überwältigung selbst erlebt. Traurig nehme ich die Schlussfolgerung der Fachleute entgegen. Das stellt für mich und für die anderen Kinder unter meinem Dach eine arge Belastung dar. Dazu kommt, dass ich mittlerweile die diagnostizierte geistige Behinderung von Julia bezweifle. Sie hat aus eigenen Stücken zu lesen begonnen. Sie hat ein gutes Gedächtnis. Doch ihre Begabungen sind voneinander isoliert. Sie kann ihre Fähigkeiten nicht miteinander verknüpfen.

Ich versuche es mit Musik. Musik hat eine beruhigende und sogar heilende Wirkung. Als Julia fragt, ob sie Klavier lernen darf, kaufe ich ein E-Piano. Am Ende habe ich mehr Freude an dem Instrument als sie. Julia will doch lieber Gitarre spielen. Darüber bin ich nicht enttäuscht, im Gegenteil: Ich überlege, ob sie mir ein Alibi dafür verschafft hat, das verlorene Klavier meiner Jugend wiederzubeschaffen. Ich weiß ja schließlich gut genug, dass ich nicht gerne etwas nur für mich selbst tue. Das lenkt mich jedoch nicht vom Wesentlichen ab. Der Verdacht der Fachleute erhärtet sich von Tag zu Tag. Julia wischt sich beim Essen nach jedem Bissen den Mund mit einem Tuch sehr fest ab. Sie trinkt Wasser ohne Ende. Ein Kinderpsychologe der Arbeitsgemeinschaft gegen sexuellen Missbrauch an Mädchen meint, das ist ein eindeutiges Zeichen. Bei oralem Missbrauch wird Mund auswischen und Wasser trinken zum Kompensationsverhalten. Jetzt wird mir klar, warum ich dieses Verhalten kaum aushalten kann. Kurze

Zeit später kommt eine meiner Mitarbeiterinnen und bittet um ein vertrauliches Gespräch. Sie ist bleich im Gesicht.

»Ich habe gerade bei Julia die Kanüle gewechselt«, sagt sie. »Sie saß auf dem Tisch vor mir, damit ich an den Hals komme. Auf einmal spüre ich ...«

Meine Mitarbeiterin ist eine gestandene Krankenschwester, die viel erlebt hat. Es muss einiges passieren, um sie aus der Fassung zu bringen. Und es ist passiert. Julia hat sie mit dem Zeh stimuliert. Sie hat gesagt, das findest du geil. Nun fühlt sie sich von einem neunjährigen Mädchen missbraucht.

Der amerikanische Autor Malcolm Gladwell nennt die Kraft der Intuition, in der es uns gelingt, innerhalb kürzester Zeit wichtige Entscheidungen zu treffen, kurz und prägnant »Blink!«. Weil die Dauer eines Wimpernschlags genügt, um die Weichen zu stellen. Als ich Julia das erste Mal gesehen habe, ist ein Blink passiert. »Etwas« hat mich angeflogen, nur konnte ich dieses Etwas noch nicht verstehen. Jetzt kann ich es. Nach zehn Monaten in unserer Familie muss Julia in eine spezielle Wohngemeinschaft für Mädchen wechseln, in der sie angemessen betreut werden kann. Das Mädchen, das sich nichts sehnlicher wünschte als eine Mama, die sie nach der Schule abholt und fragt: »Wie war dein Tag? Was habt ihr heute gemacht in der Schule?«, sieht das selbst ein.

»Warum klappt es nicht zwischen uns?«, hat sie mich gefragt. Ich konnte ihr nicht sagen, dass sie womöglich das Opfer sexuellen Missbrauchs ist, der bei mir, ebenfalls ein Opfer, einen »Blink« ausgelöst hat. Ich kann ihr auch nicht erklären, dass die gewünschte Mama eher eine Bedrohung für sie ist. Sie ist zu lange in stationären Strukturen gewesen, um eine behütende Begleitung akzeptieren zu können. Das alles wird sie erst später begreifen. Wieder bin ich tief traurig und glaube, versagt zu haben. Dabei ist mir klar, dass unsere Familie für Julia eine wichtige Zwischenstation gewesen ist. Bei uns hat sie die Welt kennengelernt. Von uns nimmt sie viel mit für ihr neues Leben in der Mädchen-Wohngemeinschaft. Trotzdem bleiben mir Zweifel. Sie ist ein so wunderbares Mädchen. Hätte ich sie besser auffangen können, wenn mir ihr Schicksal nicht so vertraut gewesen wäre?

Dieses Schicksal ist eines, das häufig vorkommt in Deutschland. Die Fälle sexuellen Missbrauchs an Kindern, die ans Tageslicht kommen oder Schlagzeilen machen, sind schon nicht mehr zu zählen. Die Dunkelziffern lassen uns deprimiert den Kopf schütteln. Dann gibt es die Fälle, bei denen der Missbrauch aufgedeckt wird, die Familie ihn jedoch leugnet, wie es bei mir der Fall war. Und es gibt Kinder wie Julia, wo erst ein auffälliges Verhalten zu den richtigen Schlüssen führt. Es ist ein Thema, das mich – wie könnte es anders sein – schon lange umtreibt. Seit ich meine Mutter vor die Tür gesetzt habe, als sie aus der Wahrheit eine Lüge stricken will, verschwindet es nicht mehr aus meinem Bewusstsein.

Ich gehe in meinen Beziehungen zu Männern offen und ehrlich damit um. Bisher haben es meine Partner immer akzeptiert, solange sie es konnten. Doch das Leben lässt sich eben nicht planen. Wir verstehen beide, was machbar ist und was nicht, und trennen uns im Guten. Dann kommt die Zeit, dass bei mir die Sehnsucht nach einer Partnerin in meinem Leben nicht mehr zu verleugnen ist. Daraus machte ich nie ein Geheimnis, doch nun vollziehe ich den großen Schritt und bekenne mich öffentlich zu meiner Liebe zu einer Frau. Das geschieht in den Jahren nach der Jahrtausendwende, in denen ohnehin so viel passiert. Meine Partnerin bringt ein Pflegekind mit in die Beziehung. Ich lerne sie und ihre Pflegetochter Sina auf unseren Freizeiten kennen. Sina ist ohne Pflegeeltern auch mit dabei, als wir im Jahr 2008 am Meer sind. Da ahnt keiner, dass sie einmal zu den Heldenkindern gehören wird.

Sina ist ein wundervolles Kind von knapp vier Jahren. Gescheit und keck bringt sie mich zum Staunen. Als wir Muscheln sammeln am Strand, will Sina lieber in eines der umliegenden Geschäfte. Danach hat sie ein Tütchen Muscheln in der Hand.

»Wo hast du die her?«, frage ich erstaunt.

»Mit Marc gekauft«, antwortet das Kind. Marc ist ihr Betreuer. »Hab sie von meinem Taschengeld bezahlt.«

»Warum das denn?«

»Och, weil ich zum Sammeln keine Lust habe.«

Die anderen Betreuer kommen mit ihrer speziellen Art nicht zurecht, doch mich fasziniert das Mädchen.

Auch Sina ist ein traumatisiertes Kind. Bei ihrer leiblichen Mutter waren in der Schwangerschaft Psychopharmaka im Spiel; nach der Geburt wurde Sina nicht gut versorgt. Manchmal, in den glücklichen Tagen einer Ferienfreizeit, scheint das alles längst vergangen und vergessen zu sein. Doch Tatsache ist, dass diese Traumata niemals vergessen werden und sich auch nicht wie Wolken an einem schönen Sommertag plötzlich verziehen. Das macht meine Arbeit mit den Kindern auch aus: Immer daran zu denken, dass sie besonders sind. Sie haben Außergewöhnliches erlebt, und ja, zu Außergewöhnlichem sind sie auch in der Lage. Doch dazu müssen die Rahmenbedingungen stimmen. Damit schließt sich wieder der Kreis: Heute kämpfe ich noch immer für Rechtsgleichheit, damals ging es darum, ein Haus zu finden, in dem unsere Kinder sich wohlfühlen und sich entfalten können.

So sitzen wir wieder einmal am Feuer und die Marshmallows verbreiten ihren betörend süßen Duft. Sina hat zwischen meiner Partnerin und mir Platz genommen. Die Unterhaltung ist ins Stocken geraten, wir sind alle schon ein wenig schläfrig. Gerade spreche ich den bei den Kindern gefürchteten Satz aus, »ich glaube es wird Zeit fürs Bett«. Später sitzen wir Großen noch zusammen und sprechen über die Zukunft. Meine Partnerin lebt in Ovelgönne, wo es für mich die Möglichkeit gibt, die Hälfte eines Hauses zu übernehmen. Außerdem gäbe es unweit davon ein zweites Haus, in dem wir Ferienfreizeiten organisieren könnten.

»Ich bin schon ein paar Mal an diesem Haus vorbeigefahren«, sagt sie. »Es ist groß und hat einen Garten. Und es steht leer.«

Meine Partnerin kennt sich in der Region gut aus. Für mich ist die Gegend jedoch noch immer eine Wundertüte: Obwohl sie topfeben ist, passiert es mir ständig, dass ich eine falsche Abzweigung nehme und anstatt an meinem Ziel, plötzlich am Ufer des Meeres stehe. Oder steckt da womöglich Absicht dahinter? Mir gefällt meine alte Heimat im Münsterland, ich bin dort tief verwurzelt. Wenn aber hier der Sturm plötzlich Salzluft ins Landesinnere trägt, wenn das Wasser hereindrückt und Priele und Siele zu glucksen beginnen, wenn unsere Füße in Gummistiefel in der Marsch zu versinken drohen und wir sie herausziehen, wobei die Stiefel stecken bleiben – dann weiß ich, dass ich mich auch hier heimisch fühlen kann. Wenn dann noch ein Haus dazukommen würde – wer weiß, vielleicht passiert es ja, dass aus dem jahrelangen Traum doch noch Wirklichkeit wird?

Gleich am nächsten Tag starten wir zur Erkundungstour. Das Haus liegt noch in der Gemarkung Ovelgönne und ist die ehemalige Landschule. »Old Skool« steht auf Plattdeutsch auf einem Schild. Da bin ich bereits wieder auf dem Boden der Tatsachen angekommen. Diese Landschule ist ja so was von heruntergekommen! In allen Räumen liegt Müll. Ich muss erst meine Enttäuschung niederkämpfen. Doch die Kinder sind begeistert und stecken mich mit ihrem Enthusiasmus an. Auf einmal kann ich es sehen: wenn der Müll erst rausgeschmissen ist. Wenn renoviert wurde. Wenn diese Wände weg sind, und dort drüben neue gezogen, entsteht dann nicht ein tolles Spielzimmer? Auf einmal entdecke ich den Esprit, der in diesem Haus steckt. Hier gingen einst Kinder zur Schule, und es fühlt sich so an, als sei es eine glückliche Schule gewesen.

Wer sich in ein Abenteuer stürzt wie dieses, den überfallen tausend Fragen. Die erste lautet: Wie fängt man das Ganze an? Auch hier gilt die Antwort: mit dem ersten Schritt. Eine Finanzierungsmöglichkeit tut sich auf. Dann meldet sich ein ehemaliger Ergotherapie-Schüler bei mir.

»Dieses Projekt reha4kids, das du am Start hast«, sagt er, »da bin ich sehr interessiert.«

»Trifft sich gut«, erwidere ich. »Es tut sich gerade ziemlich viel.« Dann spreche ich von dem Haus, von meinen Plänen, von allen Möglichkeiten und allen Widerständen.

»Das Neueste, was ich gehört habe«, so endet mein Bericht, »die alte Landschule Popkenhöge wird demnächst zwangsversteigert. Die kommt unter den Hammer! Das ist die Gelegenheit! Die kommt so schnell nicht wieder!«

Tatsächlich nimmt das Projekt mächtig an Fahrt auf. Fast geht es mir zu schnell. Doch wenn eine Achterbahn mal losfährt, dann fährt sie. Abspringen geht da nicht mehr. Ich setze mich an den Schreibtisch und tüftele einen Business-plan aus. In dem steht drin, wie ich mit reha4kids ein Haus für Kinder finanzieren möchte. Der Banker wiegt mit dem Kopf, rechnet alles von vorne nach hinten durch – und gibt uns grünes Licht! Wir können die Landschule Popkenhöge ersteigern. Von nun an arbeite ich auf drei Baustellen gleich-zeitig: Im Münsterland geht es darum, die in langen Jahren erarbeiteten Strukturen der medizinischen und schulischen Versorgung der Kinder aufzulösen, um diese nahtlos in der Wesermarsch wieder aufzubauen. Apropos bauen! Gleich-zeitig kümmern wir uns natürlich um die alte Landschule, wo wir die Freizeiten veranstalten wollen. Es gibt eine Un-menge zu tun dort. Und dann richte ich mich auch noch in dem Haus in Ovelgönne ein, in dem ich wohnen werde. Am 25. Juni 2009 ist es so weit: Ich breche meine Zelte in der alten Heimat ab, um hoch oben im Norden ein neues Leben zu beginnen. Was für ein symbolträchtiges Datum das ist: Es ist gleichzeitig der Geburtstag meiner Mutter – und ich habe keinesfalls auf diesen Termin hingearbeitet. Daher habe ich einiges nachzudenken, als ich mich an das Steuer des Lieferwagens setze, in den ich die letzten noch nicht in den Norden gebrachten Habseligkeiten eingeladen habe. Oben im Norden angekommen, geht die Arbeit erst richtig los.

Sie beginnt mit einer Taufe: Die Landschule Popkenhöge, das war einmal. Jetzt schaut das Anwesen einer neuen Zukunft entgegen, und dazu braucht es einen Namen. Wir taufen das Haus »Seevilla Marian«. Seevilla muss nicht erklärt werden, wenn die Nordsee so nahe ist. Marian ist der Name eines besonderen Jungen, der bei allen Freizeiten dabei war und in der Zwischenzeit verstorben ist. Mit dem Namen der Seevilla wollen wir ihm ein Andenken geben.

Dann legen wir uns ins Zeug. Mit der Hilfe von vielen Freunden mit fleißigen Händen entsteht ein Piratennest, eine Klabauterhöhle, ein Korallenriff. Wir bauen einen großen Gruppenraum aus, der zur Kommandozentrale der Seevilla wird. Auch wenn nicht alles perfekt ist, ist alles mit viel Herz und Liebe gestaltet. Was mir am besten gefällt: Die Kinder machen von Anfang an mit. Sie gestalten selbst, bringen ihre Ideen ein und helfen, so gut sie können und wollen. Denn die Seevilla Marian ist kein Haus, das sich Erwachsene für Kinder ausgedacht haben. Es soll unser gemeinsames Haus sein. Das ist zu spüren, sobald man durch die Tür tritt.

Dabei vergesse ich nicht den Schrecken, der mir am Tag des Umzugs in die Glieder fährt. Als ich mir in der Küche noch einen letzten Tee aufgieße, schalte ich das Radio ein. Dort laufen die Nachrichten.

»Michael Jackson ist tot«, sagt der Sprecher. »Der weltbekannte Künstler starb ...«

Mehr höre ich nicht mehr. Ich bin wie erstarrt. Michael ist gestorben, am Geburtstag meiner Mutter; am Tag, als ich meine Heimat nach 30 Jahren verlasse, um ein neues Leben zu beginnen. Ein Leben mit einer Frau an meiner Seite, mit vielen Kindern und einer Vision, die von heute an Realität werden soll. Mein Hoch im Norden beginnt mit vielen emotionalen Abschieden.

GEBT UNS ZUVERSICHT!

*Ich wünsch dir, dass du für was brennst
und dich verrennst
Und deine Stärken und Schwächen kennst
Sarah Connor, Ich wünsch dir*

Zugegeben: In den ersten drei Jahren in der Wesermarsch gibt es viele Tage, an denen ich schlimmes Heimweh habe. Wenn ich mich wieder einmal verfahre, sitze ich manchmal weinend in meinem Auto. Dann hört man mich schluchzen: »Ich will nach Hause!«

Mit »nach Hause« meine ich nicht das ehemalige Pfarrhaus in Ovelgönne, wo ich wohne, und auch nicht die Seevilla Marian, in der wir die Urlaube und Freizeiten verbringen, sondern das Münsterland, wo ich jede Straße, jeden Feldweg, selbst jeden Baum und jeden Stein kenne. Und hier? Wenn man von Strückhausen nach Kötermoor fährt oder von Schweierzoll nach Achternmeer – das sieht doch alles gleich aus! Wie soll ich mich jemals zurechtfinden? Meine Wurzeln sind gekappt worden! Schlimmer noch, ich habe sie selbst gekappt!

Das sind oft Tage, die sich auch im Äußeren widerspiegeln. Was kann es hier regnen, du meine Güte! Was kann es hier neblig sein! Manchmal hängen in dieser Ecke der Welt die Wolken so tief, dass man sich unwillkürlich duckt, um nicht dagegenzustoßen. Dann wird aus grasgrünem Land mausgraues Land, wo man aufpassen muss, dass aus dem eigenen bunten Gemüt nicht auch ein graues Gemüt wird. Doch auf einmal kommt der Wind auf. Ungebremst rast er über die Nordsee und pustet alle Wolken vor sich her. Der Himmel reißt auf, die Sonne kommt durch. Ihre Strahlen legen sich übers Land, das auf einmal aussieht wie frisch gereinigt. Sofort werden die Lebensgeister geweckt. Ja, das Münsterland ist schön! Ja, ich kenne mich dort aus. Dafür gibt es hier das Meer und dort nicht. Ich wische mir die Tränen weg, starte den Motor, wende den Wagen und fahre die Straße zurück, die ich gekommen bin. Dieses Mal biege ich links ab anstatt rechts. Steht da drüben nicht ein Schild? Nordseebad Dangast, 5 Kilometer. Ich schaue auf die Uhr. Wie schön, ich habe noch eine Stunde Zeit, die nehme ich mir! Ich folge der Straße und stehe kurz darauf am Meer. Ach, das Meer, immer wieder das Meer.

Heute ist es längst so, dass ich Heimweh nach Ovelgönne bekomme, wenn ich anderswo zu tun habe. Kehre ich von Berlin nach Hause zurück, überkommt mich spätestens auf der Eisenbahnbrücke über die Weser das schöne Gefühl, wieder daheim zu sein. Längst bin ich im Norden so fest verwurzelt wie das widerstandsfähige Seegras, das auf den Dünen wächst. Im Jahr 2012 übernehme ich die zweite Haushälfte im ehemaligen Pfarrhaus von Ovelgönne, um das Zuhause für die Heldenkinder und mich zu erhalten und auszubauen. Es ist die eigentliche Geburtsstunde der Wortkreation »Patchworkfamilie Die Helden«, als ich nach vielen Stunden der Renovierung und Sanierung die bunte Kachel neben die Haustür schraube.

In den vergangenen Jahren hatte ich gelernt, wie aus einem Traum gelebter Alltag wird. Den Alltag gut zu bewältigen ist das, was zählt. Zu diesem Alltag gesellen sich Höhepunkte wie Ausflüge auf die Nordsee-Inseln, fröhliche Halloween-Partys oder Eltern-Entlastungs-Wochenenden, die wir ins Leben gerufen haben. Die sind mir ganz besonders in Erinnerung: Einmal im Monat gab es bei uns für die Kinder das elternfreie Wochenende. Auch ein mehrfachbehindertes Kind hat das Recht, dass Mama nicht dauernd an ihm rumfummelt. Das formuliere ich mit Bedacht etwas überspitzt, weil der Typus Helikopter-Eltern auch da zu Hause ist, wo die Furcht um das Wohlergehen eines besonderen Kindes sehr hoch ist. Das ist eine Belastung für Eltern wie für Kinder. Elternfreie Wochenenden sorgten für die notwendige Entspannung. Diese Tage waren Teil des reha4kids-Konzepts, das schon bald auf tragfähigen Füßen stand. Wir bekamen die nötige Krankenkassenzulassung und ich konnte mich intensiv einer Sache widmen, die mir ebenfalls sehr am Herzen liegt: die medizinische und pflegerische Versorgung von chronisch kranken Kindern – und wie wir es schaffen, dass Eltern, Ärzte und Pflegekräfte zu Partnern werden, anstatt sich gegenseitig zu behindern.

Es ist ein Thema mit Sprengkraft. Eltern chronisch kranker Kinder und Eltern behinderter Kinder, was oft ein und dasselbe ist, werden zwangsläufig zu Spezialisten über die jeweilige Krankheit und Behinderung. Ich erlebe Eltern, die sich derart tief in die Materie eingearbeitet haben, dass sie mit jeder Fachkraft auf Augenhöhe sprechen können. Genau daran hakt es – was auch ich als Pflegemutter immer wieder zu spüren bekomme: Wenn beispielsweise von ärztlicher Seite der Vorwurf im Raum steht, dass Pflegemütter

Kinder wie Jonathan aufnehmen, weil es dafür Geld gibt. Jonathan benötigt eine Tracheotomie, da er eine Dysphagie hat – er kann also nicht schlucken. Sie ahnen es schon: Wenn ich so etwas zu hören bekomme, fällt meine Reaktion etwas impulsiver und sehr deutlich aus.

»Hören Sie«, sage ich. »Dem Sozialamt ist ein Loch im Hals eines Kindes gänzlich egal. Wollen Sie wissen, warum ich dieses Kind in mein Haus aufgenommen habe? Weil es nur wenige Menschen gibt, die in der Lage sind, es zu versorgen. Ich kann es. Wir können es!«

Warum nur, liebe Ärzte und Stationsschwestern, seht ihr in uns eine Konkurrenz, die man angreifen sollte? Warum seht ihr in uns nicht Partner? Wir sind doch alle an einem interessiert: dass es den Kindern gut geht. Bitte lasst uns an einem Strang ziehen!

Wie schwer das oft ist: Stelle ich mit meiner über zwanzigjährigen Erfahrung im Umgang mit Kindern mit Behinderung fest, dass mit dem Kind etwas nicht stimmt, teile ich meine Meinung den Ärzten mit. Ist mein Gegenüber offen und glaubt nicht, dass ich allein deshalb auf dem Holzweg bin, weil ich keinen akademischen Grad besitze, kann ein fachlicher Dialog entstehen. Ist mein Gegenüber verschlossen, muss ich mir Sätze gefallen lassen wie »Da überschreiten Sie als Pflegemutter Ihre Kompetenzen« oder »Sie glauben mal wieder alles besser zu wissen«.

Liebe Ärzte, nutzt den reichen Schatz an Erfahrung, den Menschen wie ich oder Eltern, die zu Spezialisten werden, mitbringen! Der kleine Jonathan bleibt ein anschauliches Beispiel, weil er aufwendige Pflege benötigt.

Von Anfang an spuckt Jonathan viel, doch es dauert über ein Jahr, bis dieses Problem medizinisch behandelt wird – trotz meiner intensiven Diskussionen mit Ärzten. Immer wieder sagen sie, dem Kleinen geht's doch nicht schlecht. Immer wieder erwidere ich, nun stellen Sie sich einmal den enormen Kraftakt bei der Ernährung vor, wenn der Junge ständig alles ausspuckt. Dabei merke ich auch, dass Abteilung A im Krankenhaus nicht mit Abteilung B spricht – was für mich eines der Grundprobleme medizinischer Versorgung ist. Versuche ich jedoch, als Vermittler tätig zu sein, höre ich erneut, dass ich Kompetenzen überschreite.

»Sprecht bitte miteinander!«, fordere ich laut und denke manchmal: »Wir können doch nicht auch noch den Hund zum Jagen tragen!«

»Was regen Sie sich auf?«, sagt eines Tages ein Arzt zu mir. »Sie und Ihr Team kriegen das doch hin!« Diese Sätze höre ich sehr häufig: »Wenn das einer schafft, dann du!«, »Ach, das schafft ihr schon«. Was, wenn ich es mal nicht schaffe?

Das ist nicht, was ich hören will. »Wir sind Erzieher, Therapeuten und Pfleger. Ich bin in erster Linie Mama und möchte manchmal auch einfach »nur« Mama sein. Ja, wir sind gut in dem, was wir tun, aber wir sind keine Ärzte. Sie sind der Arzt! Und jetzt kümmern Sie sich bitte um Jonathans unerklärte Blutzuckererkrankung!«

Denn das ist die nächste Baustelle bei dem Kleinen. Wieder geht zu viel Zeit ins Land, bevor wir uns mit der Ärzteschaft darüber verständigen können. Währenddessen basteln wir auch an seiner Ernährung, um die Blutzuckerwerte wenigstens einigermaßen stabil zu halten. Es stimmt, Frau Held und ihr Team tun ihr Bestes, aber wir bewegen uns dabei auf dünnem Eis. Kurze Zeit später stehe ich schon wieder wegen Jonathan auf der Matte.

»Er hat einen zu niedrigen Kaliumwert. Die Ursache ist ungeklärt.«

Die Stoffwechselabteilung in der Klinik nimmt das »zur Kenntnis«. Dafür seien jedoch die Leute auf der Station zuständig. Dort lässt man mich wissen, dass man das anders sieht.

»Darum müssen sich die in der Stoffwechselabteilung kümmern.«

Wie wollen wir jemals zur ganzheitlichen Versorgung gelangen, wenn schon die Menschen unter einem Dach nicht miteinander sprechen?

Die Anforderungen an eine Pflegemutter haben sich auch durch diese Entwicklungen in den letzten Jahren gravierend geändert. Für mich persönlich ist es ohnehin eine ganz besondere Entscheidung, Eltern zu werden. Was steht im Vordergrund? Die Bereitschaft, auf vieles zu verzichten, um dafür sehr viel dazuzugewinnen! Sich um Kinder zu kümmern ist eine Lebensaufgabe. Sie endet nicht, wenn die Kinder groß sind. Nun gibt es bei leiblichen Eltern weder einen Eignungstest noch eine Elternschule – die Natur hat es eingerichtet, dass wir Kinder bekommen, wann wir wollen und wie viele wir wollen. Anders sieht die Lage aus, wenn eine Familie ein Kind adoptieren möchte. Dafür muss sie viele Bedingungen erfüllen. Fangen wir bei der finanziellen Seite an. Die wird genau abgeprüft. Dann dürfen die Adoptiveltern eines Säuglings nicht älter als 40 Jahre sein. Sie müssen ihr Haus oder ihre Wohnung den Behörden vorführen, ob es für Kinder tauglich ist.

Noch strenger läuft es bei Pflegefamilien ab. Für Familien, die sich mit dem Gedanken tragen, ein Kind aufzunehmen, gibt es spezielle Pflegeelternschulen. Die Bandbreite der dort behandelten Themen ist groß: Was bedeutet Herkunft für Pflegekinder? Wie geht man mit den Besuchen der Herkunftsfamilie um? Was geschieht, wenn die Frage nach der Rückführung des Kindes auftaucht? Pflegefamilien sind nur Eltern auf Zeit – darüber muss deutlich gesprochen werden.

Sind die Fragen zur Zufriedenheit aller geklärt, brauchen Pflegeeltern eine Eignungsüberprüfung durch das Jugendamt. Für das jeweilige Kind muss eine eigene Pflegeerlaubnis bestehen. Ein Attest eines Arztes, dass die Eltern nicht suchtgefährdet sind, oder ein Drogentest sind obligatorisch. Manche Landkreise verlangen die Schufaauskunft, denn Pflegeeltern dürfen zu keinem Zeitpunkt wirtschaftlich vom Kind abhängig sein. Das erweiterte Polizeiliche Führungszeugnis ist bundesweit Pflicht. Es informiert über etwaige Sexualdelikte oder Straftaten gegenüber Minderjährigen. Zu guter Letzt ist ein Erste-Hilfe-Kurs zu absolvieren.

Aus der Verpflichtung zur Fürsorge haben die Behörden die Hürden sehr hoch gelegt. Diese rücken nochmals höher, wenn ein Kind mit Behinderung ins Spiel kommt. Um dann Pflegefamilie sein zu dürfen, braucht mindestens ein Elternteil eine entsprechende berufliche Qualifikation oder eine Biografie, die Erfahrung im Umgang mit behinderten Kindern nachweist. Mit all diesen Anforderungen sind die Wartezeiten, um ein Kind aufzunehmen, sehr lang.

In meinem Fall liegen die Hürden auf der höchstmöglichen Stufe. Wer Kinder mit Intensivpflegebedarf ins Haus nimmt, holt sich täglich auch das entsprechende Pflegepersonal unter sein Dach. Sonst kann man solchen Kindern keinen Familienzugang ermöglichen. Dazu kommen einmal im Jahr sogenannte Hilfeplangespräche. Dabei kommen alle Ziele, Vereinbarungen und Entwicklungen des Kindes auf den Tisch, und dazu die verschiedenen Erwartungen von Ämtern, Behörden und Herkunftseltern. So ein Gespräch ist kein Spaziergang, sondern eine aufreibende Angelegenheit. Diese Gespräche sind jedoch sehr wichtig und sollten mit viel Mühe und guten Zielen für das Kind durchgeführt werden. Daneben gilt es, die Besuchskontakte mit den leiblichen Eltern zu regeln sowie die häufigen Arztbesuche: Kontrolle, Diagnostik, Therapie – da kommt einiges zusammen. Obwohl ich jetzt schon so lange dabei bin, überrascht es mich immer wieder, gegenüber wie vielen Stellen ich Rechenschaft ablegen muss. Um es selbst einmal schwarz auf weiß zu sehen, habe ich mir gerade eine Liste zusammengestellt. Ich mag es gar nicht glauben, wie lang sie geworden ist: Zurzeit habe ich es mit vier Sozialämtern und vier Jugendämtern aus den Herkunftsorten der Kinder zu tun. Dazu kommt noch das Jugendamt hier. Alle vier Wochen schaut die Familienberatung eines freien Trägers bei uns vorbei. Beim Versorgungsamt kümmere ich mich um die nötigen Schwerbehindertenausweise. Ich habe es mit der Ausländerbehörde zu tun, dem Finanzamt und der KFZ Zollstelle. Das Amtsgericht kriegt von mir einen ausführlichen Jahresbericht. Da die Kinder über mich versichert sind, ist nur eine Krankenkasse mein Ansprechpartner. Eine Kinderklinik mit ihren vielen Fachbereichen gehört mit auf die Liste wie noch vier Ärzte unterschiedlichster Disziplinen. Zwei Hausärzte gesellen sich dazu und die ambulante Krankenversorgung vom sozialpädiatrischen Zentrum. Ach ja, der medizinische Dienst der Krankenkasse, der nicht mit der Kasse selbst zu verwechseln ist. Habe ich jemand vergessen? Den Pflegedienst, den Nachtdienst ... alle, die auf meiner Liste stehen, wünschen sich regelmäßige Termine mit den Kindern. Da ist Management gefragt!

Einige Landesjugendämter haben die Empfehlung ausgesprochen, dass eine Pflegefamilie nicht mehr als zwei Kinder mit Behinderungen aufnehmen darf. In meinen Augen ist das einseitig gedacht. Wir sollten immer den Einzelfall betrachten. Aus meiner Erfahrung kann ich versichern, dass ich mit zwei intensivpflichtigen Kindern nahezu denselben Aufwand habe wie mit einem. Die Instanzen, mit denen ich es zu tun habe, sind die gleichen. Gut, ich bestelle in der Apotheke nicht eine Verordnung, sondern zwei, und ich habe eine Pflegerin mehr an Bord. Dafür gibt es viele positive Synergieeffekte – den Schulbus kümmert es auch nicht, ob er vor meiner Tür ein, zwei oder mehrere Kinder abholt.

Egal, wie viele Pflegekinder jemand aufnimmt, eines kann ich versichern: Es ist der Abschied von der herkömmlichen Art, wie eine Familie zu funktionieren hat. Mit jedem Pflegekind betreten wir Neuland. Jedes von ihnen hat seine besonderen Bedürfnisse, weil es so viel erlebt hat, um überhaupt zum Pflegekind zu werden. Um den behördlichen Energieräubern zu entgehen, den vielen Terminen und Anfeindungen der Gesellschaft, brauchen Pflegeeltern in erster Linie Haltung.

Das ist ein Wort, das ich gerne in Großbuchstaben schreibe: Wir brauchen HALTUNG. Diese Haltung ist oft der einzige Schutz in schwierigen Zeiten. Schließlich stehen Pflegeeltern bei vielen Menschen unter Generalverdacht. Ich habe Google Alerts für Begriffe wie Pflegefamilien oder Pflegekinder eingerichtet, um mir ein Bild über die aktuellen Entwicklungen zu machen. Ich öffne ihn mal, während ich diesen Absatz schreibe. Es kommen drei Meldungen: Eine Familie nimmt ihr 35. Kind auf Zeit auf, lautet der Titel von Meldung Eins. Dieser Artikel prangert die Geldsucht der Familie an. Doch nirgendwo wird auch nur erwähnt, dass ein Platz im Heim zwischen 4.000 Euro und 10.000 Euro im Monat kostet, während die Pflegefamilie eine Pauschale von ein paar Hundert Euro bekommt, mit der von Windeln über das Essen bis zur Kleidung alles gekauft werden muss. Eine Pflegemutter rechnete für eine Berliner Zeitung kürzlich ihren Stundenlohn aus und kam auf 1,28 Euro. Bitte, lieber Journalist: Dieser Aufgabe stellt sich keiner wegen des Geldes.

Zwei weitere Artikel schreiben über schwersten Missbrauch in Pflegefamilien. Stimmt, ich habe selbst Kinder aufgenommen, die in einer Pflegefamilie misshandelt wurden. Die Fälle gibt es, und es sind alle Maßnahmen zu ergreifen, um sie zu verhindern. Doch was ist mit den vielen Kindern, die von leiblichen Eltern misshandelt werden? Wer schreibt über das Schicksal des Säuglings, der mit gebrochenen Knochen in allen Armen und Beinen in eine Pflegefamilie kommt? Die Herkunftseltern belasten sich gegenseitig, sodass keinem von beiden etwas nachzuweisen ist. Gut möglich, dass dieses Kind eines Tages zur Mutter oder zum Vater rückgeführt wird. Eine nur schwer auszuhaltende Situation für die Pflegefamilie, die den Säugling hegt und pflegt. Oder wer schreibt darüber, wenn die Pflegefamilie im Laufe der Zeit feststellt, dass ihr Pflegekind sexuell missbraucht wurde, und die Jugendamts-Mitarbeiterin die Sache mit einem schnöden »Ich glaube das nicht« abtut, bevor sie wochenlang nicht mehr erreichbar ist?

Ich führe diese Beispiele auf, um mich gegen den Generalverdacht zu wehren, unter dem Pflegefamilien stehen. Selbstverständlich muss sich jede Pflegefamilie Fragen gefallen lassen und auch kontroverse Meinungen akzeptieren. Aber bitte mit gegenseitigem Respekt und Fairness. Auf ein leibliches Kind können sich Eltern neun Monate lang vorbereiten. Das Pflegekind kann von heute auf morgen in die Familie kommen.

»Die Kinder«, sage ich gerne, »sind das kleinste Problem.« Auch wenn ich mir große Sorgen mache, wie es mit Cora weitergeht, die jetzt in der Pubertät ist, oder ich nächtelang nicht schlafe, weil Jonathans Blutzuckerkurve aussieht wie die wilde Fahrt auf einer Achterbahn. Denn ich weiß genau, warum ich das alles tue: weil ich seelisch und emotional reich an den Kindern werde! Alle Welt redet von Win-Win – ich kenne keine bessere Win-win-Situation als das, was ich meinen Kindern gebe und sie mir zurückgeben.

Wenn die Kinder das kleinste Problem sind, was sind dann die größten? Die fehlende Rechtssicherheit, die wir dringend brauchen. Die Schnittstellen bei Behörden und bei Ärzten, die oft zerschnittene Stellen sind. Die »Zweikind-Empfehlung«, die jeder kluge Geist sofort abschaffen würde, wenn er die einzelne Familie und ihre Ressourcen betrachtet. Noch was? Oh ja! Gebt den Pflegefamilien Zuversicht, sie haben es sich redlich erarbeitet: Weil es Kindern in Familien oft besser geht als in Heimen oder als Dauergast in wechselnden Kliniken, haben diese Familien die Unterstützung von Staat und Gesellschaft verdient.

ABSCHIEDE

Es geht nicht, dass ich bleib – mich ruft mein Stern.
Die Zeit ging schnell vorbei, mein Ziel ist fern.
Vielleicht denkt ihr an mich, wenn ich schon auf der Reise bin,
ich muss zurück – mich ruft mein Stern.
Rolf Zuckowski, Mich ruft mein Stern

Und schon hat mich der Alltag wieder. Eben noch schreibe ich davon, wie hoch die Anforderungen an Pflegeeltern sind, da höre ich auf einmal laute Schreie im Haus. Türen knallen! Ich laufe in den Flur und finde Cora. Wie eine Wilde beißt sie sich in die eine Hand, während die andere Hand gegen die Wand hämmert.

»Was ist los, Schatz?«, rufe ich.

Ihr Schreien ist lauter. »Rau! Rau!« In ihrer Sprache bedeutet das, dass ich verschwinden soll. Tränen laufen ihr übers Gesicht.

»Aua bau, Mama!« Das bedeutet, geh nicht weg, bleib bei mir.

Ich gehe ohnehin nicht. Ich weiß, dass sie nicht ohne den geliebten Menschen in ihrer Nähe sein kann. Der nächste Stimmungswechsel kommt im Sekundentakt. Sie tritt auf mich zu und spuckt mich an.

»Bitte lass das sein«, ermahne ich sie. Ich weiß, dass ich dafür eine strenge Stimme wählen muss, um zu ihr durchzudringen.

Cora wirft sich hin. Mit aller Kraft will sie ihren Kopf auf den Fußboden schlagen. Ich bin schneller und kann sie gerade noch abfangen. Oft kann ich durch ihre Augen in die Seele sehen und weiß dann, was zu tun ist. Momentan geht das nicht. Cora ist ganz weit weg, an einem Ort, den nur sie kennt.

Besonders in der Pubertät ist frühkindlicher Autismus ein Weg mit vielen emotionalen Sackgassen. Heute ist wieder so ein Sackgassen-Tag, wie ich Tage wie diese getauft habe. Was kann ich nur tun, damit es ihr besser geht? Wie lange können wir ihr wechselndes Verhalten innerhalb der Familie noch aushalten?

Diese Fragen türmen sich immer wieder bedrohlich vor mir auf. Ich weiß, da draußen in der Welt bin ich Mama Held. »Der Name ist Programm«, ist in den Medien zu lesen. Es gibt aber Zeiten, da fühle ich mich nicht wie eine Heldin. Da fühle ich mich schwach und hilflos.

Langsam beruhigt sich Cora. Ich begleite sie in ihr Zimmer. Wenn nicht gleich wieder etwas Unvorhergesehenes passiert, werden wir jetzt ein wenig *snoezelen*. Das ist ein Begriff aus den Niederlanden, der eine besondere Art von Nichtstun beschreibt. Besondere Lichtstimmungen und Musik spielen dabei eine Rolle. Ich habe mich darin weitergebildet und im Anschluss daran Cora ein Musikbett aus handelsüblichen Waren gebaut. Ihr bisheriges Therapiebett konnte ich danach an die Krankenkasse zurückgeben. Die Musik und das Licht haben eine besänftigende Wirkung auf Cora. Sie legt sich hin. Ich setze mich neben sie und lausche, wie sie wie in einem Atemzug Geschichten in ihrer Sprache Corajanisch erzählt. Handeln sie von den Orten, an denen sie manchmal ohne mich weilt? Wenn dann nur ihre Hauthülle bleibt, die es zu beschützen gilt?

»Schhhh, Mama! Guna!«, sagt sie kurz vor dem Einschlafen und bläst mir Luftküsse zu.

Nun sehe ich sie wieder in ihren Augen: die bedingungslose Liebe, die tief aus ihrer Seele kommt.

»Gute Nacht, mein Schatz«, sage ich leise. »Mögen schöne Träume deine Nacht bereichern und dein Leben morgen etwas leichter machen.«

Ich gehe zurück an den Computer und nehme die Arbeit wieder auf. Was hier so kurz beschrieben ist, hat sich über zwei Stunden hingezogen. Geblieben ist mein Schrecken, meine Zweifel und meine Erleichterung, als ich Cora aus ihrer Notlage herausführen kann und sie endlich einschläft.

Nur wenige Tage darauf feiern wir Jonathans zweiten Geburtstag. Geburtstage bei Mama Held sind immer Großereignisse. Das Haus verwandelt sich in eine Villa Kunterbunt. Es wird gelacht, gespielt und gesungen. Ich bin schon früh wach geworden, der Nachtdienst ist noch da.

»Alles gut an seinem Festtag«, sagt die Nachtschwester und erstattet mir Bericht über Jonathans letzte Stunden. »Der Blutzuckerspiegel ist in Ordnung.«

Ich beuge mich über den Jungen. Er ist ebenfalls wach und lächelt mich an.

»Hey, Geburtstagskind«, sage ich. »Alles, alles Gute!« Und dann gebe ich ihm so viele Geburtstagsküsse, bis aus seinem Lächeln ein Lachen wird.

Was für ein Wunder, denke ich. Als seine Mama Jonathan zur Welt bringt, ahnt sie nicht, dass schon wenige Stunden nach der Geburt sein Leben am seidenen Faden hängt – und das über Monate hinweg. Noch in den ersten Lebensstunden stirbt Jonathan aus unklarer Ursache und wird lange reanimiert. Sein Gehirn ist einem schweren

Sauerstoffmangel ausgesetzt, der Hirnstamm ist in Mitleidenschaft gezogen. Als eine Folge davon kann er nicht schlucken. Daher ist seine Atmung sehr erschwert, weil aller Speichel in die Lunge läuft. Darüber hinaus kann er sich kaum bewegen und hat immer wieder schwere epileptische Anfälle. Trotz aller Beeinträchtigungen entscheidet sich der Kleine für das Leben, und da komme ich ins Spiel. Für seine Mama ist es nicht zu schaffen. Sie will jedoch auf keinen Fall, dass er ins Heim muss. Sie wünscht sich für ihn eine Familie, mit einem Brüderchen, und vielleicht einem Hund, sagt sie, und beides kann ich erfüllen. Ich bin ihr heute und jeden Tag unendlich dankbar für Jonathan. Gemeinsam haben wir ihm versprochen, dass er so lange bleiben darf, wie er die Kraft zum Leben hat. Weil wir nie wissen können, wie lange sie reicht, feiern wir seine Geburtstage besonders ausgelassen.

Auch sonst erfüllt oft fröhliches Kinderlachen mein Haus – wie ich das liebe! So ist es auch, als ich mit Erik zum Bundespräsidenten fahre. Nein, das ist kein Druckfehler. Wir sind beide zum Bürgerfest ins Schloss Bellevue eingeladen!

»Mama«, sagt Erik, »wir fahren zum König von Deutschland? Der hat ein echtes Schloss, stimmt's?«

Ja, das hat er, auch wenn er keine Krone auf dem Kopf trägt und auf den Titel Bundespräsident hört. Das üben wir im Zug.

»Guten Tag, Herr Bundespräsident. Ich bin Erik aus Ovelgönne«, sagt Erik, und das tut er auch, als der Schaffner kommt. Die gute Laune in unserem Abteil ist gesichert.

Als wir in Berlin am Hauptbahnhof aussteigen, reißt Erik die Augen auf.

»Wow, ist Berlin riesig«, sagt er. »Und so viele Leute!«
»Das ist erst der Bahnhof. Die Stadt ist noch größer!«
»Wirklich?«
»Wirklich!«

Als Erstes steuere ich den Ampelmännchenladen an. Dort gibt es für Erik eine gelbe Warnweste, die ich ihm gleich überstreife. Ich schreibe meine Handynummer darauf und einen kleinen Hinweis auf seine mentale Beeinträchtigung. Jetzt sind wir gewappnet für das Gewimmel da draußen!

Erik kann es gar nicht fassen. Das ist durchaus wörtlich zu nehmen. Die vielen Eindrücke überfordern ihn. Daher habe ich ein nahes Hotel gewählt, wo er erst einmal ausruhen kann. Zunächst aber rast er durch die Lobby und gibt dabei Geräusche von sich. Oben im Zimmer ruft er bei jedem Zug und jeder Stadtbahn, die er zu Gesicht bekommt: »Mama, schau! Ein ganz langer Zug!«

Es fahren viele Züge und Stadtbahnen in den Bahnhof von Berlin ... ich entscheide mich für einen gemeinsamen Mittagsschlaf und ziehe die Vorhänge zu. Der König von Deutschland muss noch ein wenig auf uns warten.

»Wer in ein Schloss geht, sollte schick angezogen sein«, sage ich, als wir aufstehen. Erik ist begeistert über sein weißes Hemd, den blauweiß gestreiften Sommeranzug und die weißen Sneakers. Mit Kennermiene betrachtet er sich im Spiegel.

»Mama, ist das jetzt fesch oder cool?«

Ich wuschele ihm durch die Haare. Dieser Junge sollte eigentlich ein schwerstbehinderter Junge sein, der sein Leben im Rollstuhl verbringt. Gleich wird er bei Frank-Walter Steinmeier im Garten stehen. So viel dazu, was eine Familie leisten kann!

»Beides, mein Großer. Und jetzt fahren wir Taxi.«

»Wow, Taxi!«

Alles ist neu, alles ist schön, alles ist aufregend – daher kann auch alles zu viel werden für ein Kind mit fetalalkoholischem Syndrom. Deshalb bin ich in jedem Augenblick hellwach. Erik ist es auch. Als ich den Taxifahrer bezahle, fragt er: »Mama, hast du dem Mann jetzt das Benzin bezahlt?«

Die strengen Personenkontrollen sind nicht nach seinem Geschmack. Er bekommt es mit der Angst zu tun und beginnt zu weinen. Doch der Kummer verfliegt, als wir vor dem Schloss stehen. Das Haus von Mama Held ist auch nicht übel, aber damit kann es nicht mithalten, darüber sind wir uns einig. Ich bin ergriffen über die Rede des Bundespräsidenten. Es geht um das, was mich Tag für Tag umtreibt: niemals aufzugeben, sich zu engagieren, neue Zuversicht gewinnen. Und, dass es auf die Beherzten ankommt, sagt Frank-Walter Steinmeier. Das ist ein Wort, das mir gut gefällt. Ich will auch eine Beherzte sein.

Erik schaut mich an und lacht. Dann sagt er: »Mama, mach den Mund zu!«

Er zieht mich dorthin, wo es seiner Meinung nach interessanter ist: zu den Kinderfahrzeugen. Dort kriegt er sogar einen Führerschein. Dann gibt es noch die Stände mit dem Essen. Und mit Eis! Und das Schloss erst! Kaum sind wir drinnen, loben ihn andere Gäste, weil er so schick ist.

»Oh danke«, antwortet Erik jedes Mal. »Gerneschön!«

Schleckeis gibt's erst draußen. Nicht auszudenken, wenn wir im Haus vom König von Deutschland Schokospuren hinterlassen würden. Als es verputzt ist, wird mein Kleiner plötzlich müde.

»Ich schaffe nicht mehr«, sagt er. »Können wir nach Ovelgönne?«

»Morgen fahren wir zurück«, erkläre ich. »Heute Nacht schlafen wir im Hotel.«

»Warum schlafen? Wir haben heute Mittag schon geschlafen!«

Wo er recht hat, hat er recht. Trotzdem fällt im Hotel ein müdes Kind ins Bett.

Bevor Erik einschläft, flüstert er: »Mama, hörst du den Zug?«

Dann ist er im Land der Träume. Dort, da bin ich mir sicher, ist der König gleichzeitig Lokomotivführer.

In meinem Beruf, der mir gleichzeitig Berufung ist, gibt es diese fröhlichen Zeiten – und es gibt die traurigen Zeiten des Abschieds. Wieder einmal ist Weihnachten – wo in meinem Leben immer viel passiert. Wir sind im Jahr 2009 und feiern das erste Mal Weihnachten im Norden. Kurz darauf bekommt meine Partnerin einen Anruf von Sandra, einer Freundin, die an Heiligabend und viel zu früh ihr Kind bekommen hat. Zwei Monate später erreicht uns die schlimme Nachricht: Das Kind hat sich mit einem Krankenhauskeim infiziert. Sein Gehirn hat großen Schaden genommen. Lotta ist von nun an ein sogenanntes Palliativkind. So nennt man Kinder, von denen es heißt, dass sie bald sterben. Die Frage, ob ich sie aufnehmen kann, tut sich auf. Zunächst sage ich ab, weil ich mir nicht vorstellen kann, wie ich mit Sandra das »Mama sein« teilen soll. Lotta kommt zu einer Bereitschaftspflegefamilie. Dann stellt sich heraus, dass diese mit der Betreuung der Kleinen überfordert ist. Als im März 2011 in meinem Garten die ersten zarten Knospen an Bäumen und Sträuchern den nahenden Frühling verkünden, kommt Lotta doch zu uns.

Obwohl wir alle eines Tages sterben, wird der Tod in unserem Kulturkreis oft verdrängt. Wie geht man mit ihm um, wenn es ganz sicher ist, dass ein Kind bald sterben wird? Vielleicht schon in ein paar Tagen, vielleicht erst in ein paar Wochen oder sogar Monaten? Ich gehe damit um, dass ich, so gut es geht, in der Gegenwart bleibe. Heute ist heute. An morgen denke ich, wenn daraus heute geworden ist. Dadurch kann ich einem Kind wie Lotta Liebe schenken, die sich nicht schon mit Trauer vermischt. Ich gebe Sandra ein Versprechen: Ich werde gut auf Lotta aufpassen – und wenn der Tag kommt, an dem sie für immer gehen wird, werde ich bei ihr sein. Für mich ändert sich einiges: Zum ersten Mal in meinem Leben habe ich 24 Stunden am Tag einen Pflegedienst im Haus – mein gläsernes Dasein ohne eigene Privatsphäre beginnt mit Lottas Einzug. Ungefähr zur gleichen Zeit beginnt Cora zu laufen, was für uns alle ein Großereignis ist.

»Dieses Kind wird nie gehen können«, hat es geheißen, als ich sie aufnahm. Nun erkundet mein »blondes Wildpferdchen« die Welt. Noch erinnert ihre Gangart ein wenig an die Augsburger Puppenkiste, und ich muss achtgeben, dass sie mit der neuen Erfahrung zurechtkommt. Durch den Autismus nimmt sie kaum etwas von den neuen Menschen im Haus zur Kenntnis. Auch um Lotta schert sie sich zunächst nur wenig. Anders ist das mit Paul. Er begrüßt jede Krankenschwester, die den Raum betritt. Das macht er gleich wieder, als sie noch einmal hereinschaut. Und dann wieder und wieder und wieder. Auch nach Lotta erkundigt er sich dauernd.

»Hast du Lotta den rosa Strampelanzug angezogen?«, fragt er mich.

Wenn ich das bestätige, sagt er: »Ah, gut, dann weiß ich Bescheid.«

Bestätige ich es nicht, weil sie etwas anderes trägt, sagt er: »Ah, gut, dann weiß ich Bescheid.«

Bescheid zu wissen ist wichtig für Paul. Verschmitzt schaut er über seine Brille hinweg, und ich muss lachen.

»Gut, dass du über alles Bescheid weißt, stimmt's?«, sage ich.

»So ist es«, lautet die Antwort. Die Krankenschwester kommt herein, er begrüßt sie freundlich. Danach blättert er weiter durch den Katalog eines Kaufhauses, aus dem ich alle Trigger herausgeschnitten und die Heftklammern beseitigt habe.

Lotta geht es mal besser, mal schlechter. Im Mai 2011 muss sie in die Klinik, wohin ich sie begleite. Auch darin kann ich Gutes finden. So nah wie jetzt waren wir uns nie. Wir schlafen in einem Bett und ich lerne das Mädchen auswendig. Jede noch so kleine Bewegung, jedes noch so leise Geräusch von ihr kann ich interpretieren. Ich werde zu genau der Fachfrau meines Kindes, von der ich spreche, wenn ich Ärzte und Pflegepersonal zum Gespräch auf Augenhöhe auffordere. Die haben mir sicher noch einiges voraus auf medizinischem Gebiet – dafür kenne ich Lotta in- und auswendig. Auf diese Weise könnte in der Zusammenarbeit die beste Leistung erbracht werden.

Sie merken, dass ich »meines Kindes« geschrieben habe. Gerade bei Lotta wird mir bewusst, wie wichtig es für mich ist, mich in das Kind zu verlieben. Ich bringe das Kind nicht zur Welt. Wenn es zu mir kommt, hat es schon ein Leben. Ich lerne jedes Mal, das Geschenk behutsam auszupacken. Dann nehme ich behagliche Gerüche wahr und kann fühlen, wie gut sich das Kind in meinen Armen anfühlt. Ich schaue ihm in die Augen, sehe Rührung und ein Lächeln, und in diesem Moment kann ich es bedingungslos lieben. Bei Lotta empfinde ich zuerst die Furcht, dass ihre Mama das nicht ertragen kann. Das Gegenteil tritt ein. Wir integrieren Lottas Herkunftsfamilie, so gut es geht. Wir sprechen häufig von zwei Familien: der Herkunftsfamilie und der Pflegefamilie. Sicherlich ist es in unserer Wahrnehmung und unserem Verstehen erst einmal richtig. Doch für die Kinder sind es nicht zwei Familien. Es ist eine, nämlich die des Kindes, und so sollte das auch betrachtet werden. Dabei kommt es nicht auf Harmonie und Freundschaft zwischen allen an, sondern auf den Respekt vor der Herkunft des Kindes und auf das Kind als Gemeinsamkeit. Lottas große Schwester Emma hat auf diese Weise die Chance, die kleine Schwester kennenzulernen. Sie hüpft auf deren Bett herum, während sich Sandra in diesem geschützten Rahmen traut, ihr Baby erstmals selbst zu versorgen.

»Durch dich habe ich mein Kind wiederbekommen«, sagt sie eines Tages zu mir. Es dauert einige Zeit, bis ich den tiefen Sinn dieses großen Satzes verstehe. Heute gibt er mir immer wieder Kraft, wenn wieder einmal jemand sagt: »Was wollen Sie eigentlich? All diese Kinder haben Sie doch nicht unterm Herzen getragen!«

Nach dem Aufenthalt in der Klinik fließen die Tage dahin. Alltag eben, der so wichtig ist im Leben meiner Kinder. Kein Alltag in der Klinik, kein Alltag in einem Heim, dafür Alltag in einer Familie. Mit der Anleitung zum Zähneputzen, übers gemeinsame Kochen, Essen, Spielen und Singen, mal ein bisschen streiten und dann wieder viel lachen, mit Gute-Nacht-Geschichten und Gute-Nacht-Liedern. Zu diesem Alltag gehört, dass ein Kind mit fetalem Alkoholsyndrom wie Paul immer älter und schwieriger wird. Zum

Alltag gehört, dass sich Cora durch den frühkindlichen Autismus häufig in einer Welt befindet, deren Zugang uns verschlossen bleibt. Zum Alltag gehört, dass unser Palliativ-Kind Lotta sterben wird. Aber daran denken wir nicht, weil wir im Heute leben.

An Weihnachten 2011 können wir ihren zweiten Geburtstag feiern! Was für ein Fest! Niemand in der Klinik hätte einen Cent darauf verwettet, dass dieses Mädchen so alt werden kann. Für mich sind es ganz wunderbare Tage – auch weil ich viel an meine Schwester Silke denke, während ich Lotta im Arm wiege.

Das neue Jahr kommt und der Winter legt sich über die Wesermarsch. Es ist der 11. Januar und in meinem Kalender steht: Logopädie Lotta. Das ist eine Therapieform, die zum Einsatz kommt, wenn ein Mensch eine Sprach-, Stimm-, Schluck- oder Hörbeeinträchtigung hat. Lotta spricht darauf gut an – besonders an diesem Tag, den ich später als einen ihrer besten Tage in Erinnerung behalte. Selbst als ich ihr den Katheter setze, um die Blase zu entleeren, was alle vier Stunden geschehen muss, bleibt sie mein Wonnemädchen. Ich schicke Sandra ein Foto und sie freut sich über das Lächeln ihres Mädchens. Keiner von uns ahnt, dass es ihr letztes Lächeln sein wird.

Ich wende mich an Cora, die zu meinem Erstaunen dauernd neben Lottas Bettchen steht.

»Du bist ja heute anhänglich«, sage ich. Cora beugt sich über Lotta. Das hat es noch nie gegeben. Ich staune, wie intensiv sie die Kleine betrachtet. Als kurze Zeit später die Krankenschwester zu uns stößt, steht Cora immer noch da.

»Das ist ja seltsam«, sagt die Helferin.

Ich merke, wie ich auf einmal nervös werde. Lotta wirkt abwesend und ihre Hautfarbe ändert sich. Von der Stirn bis zu der Nase ist sie blass, von der Nase abwärts schimmern bläuliche Äderchen.

Den ganzen Tag über muss ich meine innere Unruhe zügeln, auch am Abend, als ich Cora und Paul ins Bett bringe. Kurze Zeit später ruft mich die Krankenschwester. Sie hat gerade die Apparate überprüft, mit denen Lotta verbunden ist.

»Der Sensor am Fuß sendet kein Signal mehr!«

Mir ist, als hätte ich den ganzen Tag auf diesen Satz gewartet. Etwas lag in der Luft, das keiner sehen konnte, aber jeder spüren – vor allem Cora, die empfänglich ist für versteckte Signale. Vorsichtig beuge ich mich über Lotta. Ihre Brust ist warm, ihre Füße kalt, sie atmet in kurzen Zügen und mit immer mehr Aussetzern. Auf einmal werde ich völlig ruhig. Es ist eine Ruhe, die ich nie zuvor und seither nie wieder verspürt habe. Ich schaue auf die Uhr. Es ist 20:13 Uhr.

»Wir brauchen den Rettungsdienst.« Ich höre meine eigene Stimme von weit weg. Ja, den Rettungsdienst, jedoch nicht, um zu retten, was nicht mehr zu retten ist. Wir brauchen den Rettungsdienst, weil sonst die Polizei kommt und uns das Kind wegnimmt wegen einer ungeklärten Todesursache. Das darf auf keinen Fall geschehen.

Der Rettungsdienst kommt, und mit ihm die Hektik und der Stress.

»Maske, Maske!«, brüllt der Notarzt den Rettungsassistenten an, dann drückt er Lotta die Atemmaske aufs Gesicht. Darunter sehe ich ihre Augen ... und in den Augen, dass ihre Seele bereit ist, den Körper zu verlassen.

»Sag es ihnen«, höre ich die Krankenschwester neben mir. »Du musst es ihnen sagen!«

Was sie meint ist, dass es eine Abmachung mit Sandra

gibt. Sie hat mir das Sorgerecht übertragen, und darin ist die Bestallungsurkunde des Amtsgerichts ein wesentlicher Bestandteil. Aus dem Amtsdeutsch übersetzt sagt diese aus: Wenn Lotta sterben will, soll sie das dürfen. Jetzt ist es so weit.

»Soll ich wirklich aufhören?«, fragt der Notarzt.

»Ja.« Es sind zwei Buchstaben, die mir das Herz brechen wollen und doch die richtigen sind.

Der Notarzt nimmt die Atemmaske von Lottas Gesicht. Er tippt ihr sanft auf das geöffnete Auge – es kommt keine Reaktion. Damit ist klar, Lotta ist bereits hirntot. Er tritt zwei Schritte zurück, und ich nehme seinen Platz am Bettchen ein. Behutsam entferne ich alle Sensoren, wische den Kleber ab. Dann nehme ich sie auf den Arm. So trage ich sie wiegend durchs Haus, bis die Atmung wegbleibt und ihr Herz nicht mehr schlägt. Da stehen wir gerade am Fenster, das hinaus in den Garten führt. Ich öffne es, damit Lottas Seele zum Himmel fliegen kann. Ich hatte ihr versprochen, dass sie gehen darf, wenn sie nicht mehr kann.

Wie sollte ich es Sandra beibringen? Es dauert, bis ich die Nummer wählen kann. Als sie sich meldet, sage ich: »Unser Baby schläft für immer.«

Natürlich hat Sandra damit gerechnet, jeden Tag und jede Nacht.

Trotzdem – wenn die Nachricht kommt, öffnen sich alle Schleusen, auch die geheimen und versteckten. Ich lasse sie weinen, bis sie sagen kann: »Gott sei Dank! Dann hat sie es geschafft.«

»Friedlicher und glücklicher hätte Lotta nicht sterben können«, bestätige ich. Ich erzähle ihr, was den Tag über geschehen ist – einschließlich Coras Bemühungen, Lotta so nahe wie möglich zu sein.

In der Nacht bin ich zum Glück nicht allein. Wie in alten Zeiten, als sich die Menschen noch um den Verstorbenen versammelten, um gemeinsam Totenwache zu halten, kommen Freunde und Bekannte ins Haus. Ich wasche Lotta und kleide sie neu an. Dann drapiere ich Fotos ihrer leiblichen Familie um sie und zünde eine Laternenkerze an. Man reicht mir Blumen, mit denen schmücke ich unser kleines Mädchen.

»Es ist seltsam«, sagt eine Freundin neben mir unter leisem Schluchzen, »Lotta sieht gesünder aus als je zuvor.«

Sie hat recht! Die am Tag bleich gewordene Haut ist wieder rosig. Die Augen geschlossen, ein Lächeln auf dem Gesicht, liegt Lotta vor mir und ich empfinde ein Gefühl tiefster Dankbarkeit. Nein, wir verlieren keine Menschen. Wir gewinnen sie, weil wir sie eine Zeit lang begleiten und kennenlernen dürfen. Dieser Gedanke hat mich seit Lottas Tod nie wieder verlassen.

Am Morgen habe ich die Aufgabe, Cora und Paul zu erzählen, was geschehen ist. Cora geht wortlos zu Lotta, beugt sich über sie und küsst sie. Dann wendet sie sich zu mir.

»Guna, Guna, tüü!«, ruft sie. In ihrer Sprache bedeutet das: »Gute Nacht und Tschüss!« Von Gefühlen überwältigt rennt sie davon, sich selbst schlagend. Das tut ein autistisches Kind wie Cora, wenn es sehr traurig ist. Ist sie fröhlich, küsst sie ihren Arm. Ich folge ihr, um sicherzugehen, dass die Situation nicht eskaliert. Als das geklärt ist, kann ich mich um Paul kümmern.

»Ich hab' was Tolles geträumt«, begrüßt er mich. Das ist eine große Überraschung, denn von solchen Dingen erzählt er nie. Es kommt noch besser. Er berichtet von seinem Traum, dann fragt er mich, ob ich ebenfalls etwas Tolles geträumt habe. Nie zuvor hat er mir diese Frage gestellt.

»Ich habe nicht geschlafen«, antworte ich. »Ich habe auf Lotta aufgepasst, weil sie gestorben ist.«

»Oh«, sagt er und klettert aus dem Bett. »Das ist aber schade. Geh ich jetzt zur Schule?«

Das Leben geht weiter, und keiner kann es mir besser beibringen als ein Kind wie Paul.

»Ja. Du gehst zur Schule. Komm, wir schauen nach Lotta.«

An meiner Hand tritt Paul auf Lottas Bettchen zu. Er lugt über den Brillenrand. Dann berührt er sie sanft.

»Mach's gut, Lotta«, sagt er. »Grüße an Marian, oben am Strand.«

Ich muss schlucken. Marian, der unserer Seevilla den Namen gab, war Pauls Klassenkamerad. Als er starb, bekam er eine Seebestattung. Damit ist für Paul klar, im Himmel, der ein Strand ist, wird Lotta ihn wiedersehen.

Mir wird auch etwas klar. Paul hat mich soeben darin bestätigt: Lotta sollte ebenfalls eine Seebestattung bekommen. So verbunden bin ich inzwischen mit dem Land und dem Meer hier oben im Norden!

Und so geschieht es. Wir fahren an die Nordsee nach Hooksiel, wo ein alter Freund der leiblichen Familie auf uns wartet. Emma, Lottas Schwester, trägt ihr Pippi-Langstrumpf-Kostüm und hat die Haare zu Zöpfen gebunden. Wir haben Ballons mit dabei, die wir nach der Bestattung steigen lassen wollen. Während das Schiff Kurs aufs offene Meer nimmt, findet meine Hand die Hand von Sandra. Zwei Mamas, die gemeinsam ihrem Kind Lebewohl sagen. Über Lottas Tod hinaus sind wir enge Freundinnen geblieben. Lotta selbst hat mich dazu gebracht, Kinder aufzunehmen, die Intensivpflege benötigen. Ohne sie wären Richard und Jonathan heute nicht in meiner Obhut. Lotta war der Impulsgeber, und es ist ein wichtiger Impuls für mich geworden.

Wer wie ich Palliativkinder betreut, tut gut daran, sein Verhältnis zum Tod zu überdenken. Ich weiß so wenig wie alle anderen Menschen auf dieser Welt, ob nach dem Tod etwas kommt, und falls ja, wie dieses »Etwas« aussieht. Was ich allerdings weiß, ist, dass der Tod ein fester Bestandteil des Lebens ist. Deshalb verneine ich ihn nicht. Ich weiß auch, dass er jederzeit um die Ecke schauen kann und dass es aus diesem Grund wichtig ist, die Lebensspanne, die bleibt, so positiv wie möglich zu verbringen: auch wenn das Kind todkrank ist. Auch wenn man selbst eine Krankheit oder Behinderung hat.

In der Nacht, als Lotta stirbt, sind sowohl das Leben als auch der Tod zugegen. Der Pflegedienst von Lotta ist da und die Leiterin hat Geburtstag. Darum singen wir ihr um Mitternacht ein Geburtstagsständchen – weil wir das Leben nicht vernachlässigen dürfen, nur weil der Tod anklopft. Nach all den Jahren mit den Kindern weiß ich, wie nahe Glück und Trauer beieinanderliegen, wie manchmal das Lachen und das Weinen nahtlos ineinander übergehen. Dann sage ich: »Es ist gut so.«

In den Stunden, nachdem Lotta verstorben ist, halten wir Totenwache. Wir schmücken das Kind mit Blumen und sitzen um ihr Bettchen. Tränen fließen, doch wir erinnern uns an all die schönen Stunden mit ihr. Da sagt die Pflegedienstleiterin zu mir: »Kerstin, was würdest du tun, wenn ich dir sage, dass in einer Klinik in Stade ein kleiner Junge ohne Zuhause liegt?«

Mein Gesicht ist nass vor Tränen.

»Er kam blind zur Welt und ist in der Klinik zurückgelassen worden. Seine Mutter ...«

Ich nehme ihre Hand. »Kommst du mit?«, frage ich.

»Natürlich. Wir gehen da beide hin.« Doch bis dahin vergehen einige Wochen.

Und so wird Nils zum Heldenkind. Vermutlich hatte seine Mutter Röteln. Gerade in Zeiten, in denen immer wieder von der grassierenden Impfmüdigkeit gesprochen wird, wird mir bewusst, dass Nils schwere Behinderung wahrscheinlich vermeidbar gewesen wäre. Sowohl Erwachsene wie Kinder sind oft nicht ausreichend geschützt. Zurzeit spricht man von rund 170.000 Zweijährigen ohne vollständigen Masern-Impfschutz und 26.000 Zweijährigen, die überhaupt nicht geimpft sind. Die ständige Impfkommission des Robert- Koch-Instituts empfiehlt Impfungen gegen Grippe, Pneumokokken und Gürtelrose. Außerdem Diphterie, Keuchhusten, Kinderlähmung und Tetanus. In FSME-Gebieten kann eine Impfserie gegen FSME empfohlen sein, weil die durch Viren verursachte Gehirn-, Gehirnhaut- und Rückenmarksentzündung durch Zecken übertragen wird. Ein Dreifach-Impfstoff schützt gegen Masern, Mumps und Röteln.

Als Nils zur Welt kommt, hat er bereits den grauen Star, worauf man ihm die Linsen entfernt. Sein Schädel ist nicht richtig ausgebildet. Er kann nicht essen und nicht trinken und krampft viel. Man spricht vom West-Syndrom, nach einem englischen Arzt, der diese Form von Epilepsie als Erster beschrieben hat. Sind die Krämpfe vorbei, lacht Nils oft – als ich mich an dieses Phänomen gewöhnt habe, lache ich mit und sage: »Na, mein kleiner König, hast du wieder deine Hirn-Kirmes gehabt?« Dann lacht er noch mehr.
Richtig, das ist der Spitzname, der mir sofort einfällt, als ich mich das erste Mal in der Klinik über sein Bett beuge.

»Du bist der kleine König«, sage ich, und damit ist entschieden: Nils wird ein Heldenkind, ich werde ihm ein Zuhause geben. Drei Monate nach Lottas Tod zieht er bei mir ein. Trotz seiner schwersten Behinderung ist er kein Palliativkind. Und er macht rasch enorme Fortschritte! Während ich davon schreibe, habe ich Nils' Fotoalbum neben mir aufgeschlagen. Die Unterschiede auf den Bildern sind riesig, obwohl nicht viel Zeit zwischen den Aufnahmen liegt. Zu Beginn sieht Nils aus wie ein kleines Vögelchen. Sein Kopf ist klein und wenig ausgeformt. Das liegt daran, dass unser Kopf dann wächst, wenn unser Gehirn wächst. Das wiederum wächst nur, wenn wir ihm Impulse und Informationen geben. In einer Klinik und in einem Heim ist das oft nicht im ausreichenden Maße möglich. Bei mir zu Hause bekommt Nils jede Menge Impulse und Informationen. Die kriegt er von mir, von den anderen Kindern, von den Menschen, die bei mir ein und aus gehen. Ja, selbst von den Tieren bekommt er welche. Und siehe da: Nils Gehirn wächst, und sein Kopf wächst mit. Auf späteren Fotos ist sein Vogelköpfchen fast verschwunden und hat Platz gemacht für eine recht passable Schädelform. Auch bei Nils bleibe ich meinem Erziehungsstil treu: Ich bin sehr aufmerksam. Ich bin liebevoll. Und ich bin total normal. Was in meinem Lebenskontext oft unnormal wirkt. Das ist mir wichtig, allerdings kann ich auch nicht anders. Fragt mich einer, was zeichnet dich aus, Kerstin, lautet meine Antwort stets: »Ich bin anders normal.«

Daher reagiere ich normal, als Nils nach einem Jahr innerhalb von nur 48 Stunden an einer Grippe stirbt. Meine Wut und Trauer kennen keine Grenzen. Ich mache mir Vorwürfe, ich suche nach Versäumnissen bei mir. Was ist passiert? Im Februar 2013 erkranken gleich zwei meiner

Kinder trotz Impfschutz an einer Grippe. Ich bringe Cora und Nils sofort in die Klinik, die Nerven zum Zerreißen angespannt. In der Deutschen Apothekerzeitung lese ich später, dass knapp die Hälfte der Kinder, die an Grippe sterben, zuvor als gesund gelten. Rund ein Drittel der verstorbenen Kinder gehörte einer Risikogruppe an, bei einem weiteren Drittel liegen chronische Erkrankungen vor. Das Risiko, an Grippe zu sterben, trifft also gesunde wie nicht gesunde Kinder gleichermaßen. Was hilft das, wenn man durch die kahlen Gänge einer Klinik tigert? Das Sterben in einem Krankenhaus ist so erschreckend anders als das Sterben zu Hause. Denn so kommt es bei Nils – ich kann nur Cora wieder mitnehmen. Sie hat seit dieser Grippe eine schwere, nicht einstellbare Epilepsie zurückbehalten.

Innerhalb von nur 13 Monaten muss ich das zweite Kind bestatten. Wieder komme ich mit einem bürokratischen Hindernis in Berührung, von dem ich zuvor keine Ahnung hatte: Wenn ein Kind stirbt, das keinen Elternkontakt hatte, ist in Deutschland nicht geregelt, wie es vonstattengehen soll. Totenfürsorgerecht und Bestattungspflicht liegen bei den Angehörigen. Also klemme ich mich ans Telefon und schreibe Briefe, doch die leibliche Mutter und die Großeltern von Nils verweigern die Auskunft. Die Behörden schlagen einen sachlichen Ton an:

»Es gibt also keinen Angehörigen, der an dieser Stelle die Verantwortung übernimmt?« Dann muss das verstorbene Kind gekühlt gelagert werden, bis das Gericht einen Beschluss fällt, der wahrscheinlich auf eine Bestattung durch das Ordnungsamt hinausläuft.

Habe ich vorhin geschrieben, dass ich mich als normal empfinde? Ein normaler Mensch, der in einer oft verrückten

Welt zurechtkommen möchte? Was also tut ein normaler Mensch, der ein schwerbehindertes Kind gepflegt und geliebt hat? Lässt er zu, dass es in einer eisgekühlten Kiste liegen wird, bis das Amt den Beschluss fasst, es anonym zu verscharren? Alles, was recht ist, wo bleiben da Anstand und Moral? Für mich steht fest: Ich werde den kleinen Nils bestatten. Ich klemme mich so lange ans Telefon, bis ich mir dafür eine Rückversicherung vom Jugendamt eingeholt habe. Bezahlen muss ich die Bestattung selbst, denn auch die Anträge zu Beihilfe können nur die Angehörigen stellen und das taten sie leider nicht. Mit dem Zeitpunkt des Todes ist man keine Pflegemutter mehr. Die Behörden erfragen teilweise sogar den Zeitpunkt des Todes um zu ermitteln, ob für diesen Tag noch Pflegegeld zu zahlen ist oder nicht. Mit dem Tod des Kindes geht die Aufgabe und kommt nicht selten die finanzielle Angst. Kredite für das behindertengerecht umgebaute Auto laufen weiter, der halbe Monat Gehalt der Pflegefachkraft muss noch gezahlt werden und das große Haus braucht man nicht für sich allein.

Wieder fahren wir hinaus auf die Nordsee. Wieder wird eine Urne zu Wasser gelassen. Wieder fließen Tränen während wir zur gleichen Zeit die Lieder singen, die Nils geliebt hat. Die Möwen kreischen, Gischt spritzt uns nass. Das erste kleine Lachen kehrt zurück, als wir Ringe in den Wind halten, die große bunte Seifenblasen produzieren. Dort, wo das Leben mit allen Fasern gelebt wird, ist der Tod nie weit weg. Aber er ist nicht unser Feind. Er hat seinen Platz und das Leben selbst hat seinen Platz. So sehe ich es. Deshalb sage ich »Ja«, als ich einen kleinen Jungen kennenlerne, bei dem sich Leben und Tod noch nicht einig sind, wer die Oberhand behält. Der Kleine ist das Kind einer obdachlosen Prostituierten, die HIV-positiv ist, alkohol- und heroinsüchtig, und dazu Hepatitis C hat. In einer Badewanne in einem Bordell hat sie eine Sturzgeburt. Ein Rettungsassistent findet das Kind mit Plazenta in der Fruchtblase. Es ist kalt, es bewegt sich. Der Kinderrettungsdienst macht seinem Namen alle Ehre. Sieben Monate später nehme ich Richard auf.

Ein Arzt meint: »Bei ihm müssen Sie sich um den Kindergartenplatz keine Sorgen machen.«

Ich sagte nichts zu dieser provokant prophezeienden Aussage, denn die Antwort wird die Kraft der Familie geben. Richard ist, während ich das schreibe, schon sechs Jahre alt und ein wunderbarer Junge. Demnächst kommt er in die Schule.

EIN KINDERPARADIES?
EINFACH EIN ZUHAUSE!

Wenn unsere wundervollen Wunderfinderkinderaugen glänzen,
Wird Traurigkeit sich transformieren zu Träumen voller Tänzen

Alexa Feser, Curse, Wunderfinder

»Ist das schön bei euch!«, rufen manche Besucher aus, wenn sich bei der »Patchworkfamilie Die Helden« die Tür öffnet. »Du hast ja ein Paradies für Kinder geschaffen!« Stimmt, ich habe es uns schön gemacht. Das ist aber nicht von heute auf morgen passiert, sondern die Frucht der Arbeit vieler Jahre. Es ist auch nicht geschehen, weil ich mir auf die Fahnen schrieb, ein Paradies für Kinder zu schaffen. Sondern aus dem einfachen Grund, weil wir es uns als Familie gemütlich machen wollen. Da fällt mir doch ein prägendes Zitat aus Disneys »Lilo und Stitch« ein: »Familie ist, wenn keiner zurückbleibt und keiner vergessen wird.« Daher habe ich mein Haus so eingerichtet, dass alle Kinder, alle meine Helfer, die Tiere und ich selbst sich wohlfühlen. Wenn die Besucher etwas genauer hinschauen, dann sehen sie nicht nur die Figuren von Walt Disney, die überall herumstehen, sondern auch das, was die Geo-Journalistin Vivian Pasquet einmal treffend »Störer« genannt hat: Da sind Kabel, die aus den Betten kommen, und da sind Sauerstofftanks. Da stehen Kisten mit Einwegspritzen. Da sind Überwachungsmonitore und offene Kladden, in welche penibel genau Daten zur Herzfunktion, zu Blutdruck, zur Körpertemperatur, zum Sauerstoffgehalt im Blut und dem Blutzucker eingetragen sind. Nein, unterm Dach von Mama Held gibt es kein Kinderparadies. Hier gibt es ein Zuhause für Kinder, die bisher keines hatten. Es ist ein Zuhause für Kinder, die nicht einmal ein gesetzliches Recht darauf haben.

Ich habe das alles geschaffen, weil ich fest an das Recht der Kinder auf ein Zuhause glaube. Anders als viele Menschen wertschätze ich die Mütter, die sagen, ich schaffe es nicht mit meinem Kind. Ich schaffe es, weil ich darin geübt bin und ich mich sicher fühle. Seit ich mich zurückerinnern kann, sind immer die Räder eines Rollstuhls neben mir. Daher will ich für das, was ich tue, weder Bewunderung noch einen roten Teppich. Ich wünsche mir nur, dass Menschen, die sich um andere Menschen kümmern, um sie zu stärken, sich nicht dafür rechtfertigen müssen. Ich will, dass unser Lebensmodell den Respekt bekommt, den es verdient. Dafür trete ich als Mama Held ein, und als Vorsitzende des Bundesverbandes behinderter Pflegekinder. Deshalb erzähle ich meine, nein, UNSERE Geschichte!

Inklusion ist gerade »in«. Es ist ein Trendwort, ein Modewort, das beschreibt, was sich hauptsächlich »nichtbehinderte« Menschen für »behinderte« Menschen ausdenken. Sie reformieren, planen, bauen. Oh ja, Menschen mit Behinderung werden dabei nicht ausgeschlossen, sie dürfen ihre Meinung kundtun. Das ist der Moment, in dem man mich laut »Moment mal« rufen hört! Wir sind auf dem Holzweg! Es sollte andersherum sein. Familien von Kindern mit Behinderung, pflegende Angehörige, Menschen mit Behinderungen verschiedenster Formen, Sonderpädagogen, Pflegekräfte und

Ärzte sollen ihre längst gelebte Inklusion in Formen und Normen für die »nichtbehinderten« Menschen bringen. Dann wird Inklusion auch wirklich gelebt!

Inklusion heißt »Wir«, und Inklusion heißt »Alle«. Ich werde traurig, wenn wir Förderschulen abschaffen, weil dann aus »Wir« und »Alle« die Isolation für das Kind mit Behinderung entsteht. Ich werde traurig, wenn Menschen mit Behinderung nicht an die Geldautomaten kommen. Wenn sie das Eis in der Eisdiele nicht in die Hand nehmen können. Es gibt unendlich viele Beispiele aus dem Alltag, die zeigen, dass wir in Deutschland kein behindertenbedarfsgerechtes Umfeld besitzen. So heißt dieses Wort – behindertenbedarfsgerecht –, das am Ende dafür sorgt, ob jemand am Leben teilhaben kann oder nicht. Daher sage ich: Inklusion ist kein Konzept, kein Gesetz, kein Tatbestand und keine Werbekampagne. Inklusion ist ein Menschenrecht. Also, ihr Menschen da draußen! Wartet nicht auf den Gesetzgeber! Seid mutig, frech und neugierig! Lebt miteinander und nicht nebeneinander! Einen Menschen im Rollstuhl oder die Mutter eines Kindes, das hilfebedürftig ist, anzusprechen öffnet euch neue Türen. Und wenn sich das Gegenüber nicht mitteilen möchte, ist das auch in Ordnung. Wir sollten nicht Menschen mit Behinderung in unsere Gesellschaft inkludieren – wir sollten einen Schritt weiter gehen und eine bessere Gesellschaft erschaffen. Behindertengerechte Autos sind noch immer unbezahlbar, ein Taxi mit normalem Autokindersitz zu kriegen ist eine echte Herausforderung, Kinderwagen hören bei einer Belastung von 12 bis 15 Kilogramm auf und Babybodys sind lediglich bis Größe 92 zu bekommen. Wenn aber jede Leserin und jeder Leser in ihren ganz persönlichen Bereichen dafür sorgen, dass wir miteinander leben anstatt nebeneinander, wird sich vieles zum Besseren ändern! Ich kann Ihnen in die Hand versprechen: Ein gutes Gefühl stellt sich auch noch ein. Ich darf das fühlen, solange ich denken kann, und es entschleunigt in unserer schnelllebigen Welt.

Für dieses gute Gefühl sind wir selbst verantwortlich. Ich weiß aus eigener Erfahrung, dass niemand eine hoch belastete Kindheit wiedergutmachen kann. Doch ich halte es am liebsten mit Erich Kästner, der geschrieben hat: »Es ist nie zu spät für eine glückliche Kindheit.« Diesem Satz füge ich ein »Trotzdem« hinzu. Ja, es ist auch mit einer belasteten Kindheit trotzdem nicht zu spät für eine glückliche Kindheit. Wir dürfen hoch belastete Lebensphasen nicht als Entschuldigung für alles nehmen. Natürlich dürfen wir traurig sein – besser ist es, darüber offen und ehrlich zu sprechen. So halte ich es auch: Ich spreche meine Gefühle an und stelle fest, damit meine Umwelt viel weniger zu belasten. Aus derselben tiefen Überzeugung sorge ich dafür, dass für mich, meine Mitarbeiter und die Kinder jeder Tag gut zu Ende geht. Schlechtes Gewissen schafft schlechte Träume, und die wollen wir nicht. Daher wird jede meiner klaren Ansagen in der Erziehung am Ende immer mit einem Lächeln versehen. Probieren Sie das einmal aus! Es funktioniert und tut allen gut!

Wir können nicht verlieren, sondern immer nur gewinnen. Was ich damit meine? Ich erlebe täglich das Leben in seiner puren Form. Manchmal mischt sich der Tod darunter. Selbst dann ist klar, dass ich etwas dazugewonnen habe, weil ich mit dem geliebten Menschen eine gemeinsame Zeit verbringen durfte. Es liegt an uns, diese Zeit so wertvoll wie möglich zu gestalten. Das ist die Haltung, mit der ich durch das Leben gehe.

EPILOG

Am Anfang dieses Buches habe ich versprochen, Sie durch die kleine, aber aufregende Welt von Mama Held zu führen. Nun sind wir am Schluss angelangt und meine Kinder und ich bedanken uns bei Ihnen, dass Sie diese »Reise« mit mir gemacht haben. Ich würde mich freuen, wenn Sie die Ansicht gewonnen haben, wie sehr es sich lohnt, allen Kindern das Recht auf eine Familie zu gewähren. Falls Sie selbst dem Gedanken nachgehen, Kindern eine Familie zu geben, sprechen Sie mich gerne darauf an. Jede einzelne Familie, die ein Kind in ihre Mitte aufnimmt, ist wichtig!

Kontakt:
Bundesverband behinderter Pflegekinder e.V.
Kirchstraße 29, 26871 Papenburg
Telefon: 04961 665241
www.bbpflegekinder.de

DANK

Danke und bitte sollten keine Floskeln sein, sondern von Herzen kommen. Wenn man einem Kind sagt: »Was sagt man jetzt?« oder »Wie heißt das Zauberwort?«, lernt das Kind noch lange nicht, wie sich Dankbarkeit anfühlt. Meine Kinder können zum größten Teil diese Worte nicht einmal aussprechen und dennoch kommt diese Dankbarkeit mehrfach täglich aus der Tiefe ihrer Herzen. Genauso tiefe Dankbarkeit empfinde ich meinen Kindern gegenüber und bin unendlich stolz auf sie.

Jede Familie, die ein Kind in ihre Mitte aufnimmt und es trägt, ist unsagbar wertvoll, und ich möchte mich bei jeder einzelnen Familie und Pflegefamilie bedanken, die ihre Kinder mit allen Besonderheiten schützen und begleiten.

Wenn man ein Kind auf die Welt bringt und es einer anderen Mutter anvertraut, damit es das Kind besser hat, ist das wahre Größe! Die Bauchmamas meiner anvertrauten Kinder haben es getan und ich bin ihnen unendlich dankbar dafür. Ohne sie gäbe es meine Familie nicht.

Ein liebevolles Lächeln schicke ich an meine Eltern. Ich liebe euch für immer!

Oft denke ich an meine Schwester Silke. Sie war der Impulsgeber und meine Lehrmeisterin für vieles, was sich in meinem Leben entwickelt hat.

Danke an all meine Wegbegleiter, die mich mit klaren Worten und Taten zum Denken und Handeln anregen: Beate Verhij, Margarete Scheele, Frauke Zottmann-Neumeister, Gila Schindler, Josef Koch, Norbert Müller-Fehling, Heike Schmid-Obkirchner, Gisela Michalowski, Hubert Hüppe, Vivian Pasquet, das ganze Team beim Kösel-Verlag, Annette Elges, Jürgen Seidenberg, Christoph Korenke, Eva Hoppe, Teddy Lakis, Christian Kurz-Held, Anne Mäusbacher, Marlene Muntau-Ripke, Heike Schulz, Peter Schomburg, Alexandra Valentino, Lynn Zimmermann. Sie stehen stellvertretend für alle Ärzte, Pflegekräfte, Berater, Freunde, Kollegen und Mentoren, die an meinem Lebensmodell großen Anteil haben.

Lieber Daniel, ich möchte dir besonders für deinen Mut danken, mit mir auf diese Reise gegangen zu sein. Du bist mein Künstler, der dieses Motiv gemalt hat.

Danke für die Wertschätzung und den unermüdlichen Glauben an Mama Held: Ohne Sie und Ihre Agentur Ariadne-Buch, liebe Christine Proske, gäbe es dieses Buch nicht.

Liebe Maike, liebe Jana, liebe Mareike, lieber Can – ich bin unendlich stolz auf euch! Ihr seid Vorbilder in unserer Gesellschaft geworden! Danke, dass ich euch ein Stück des Lebens begleiten durfte.

Frauke – du bist so viel mehr als eine Mentorin und Fachberaterin! Du bist ein wunderbarer Mensch, der den Pflegefamilien mit behinderten Kindern eine besondere Stimme gegeben hat, für immer!

Es gibt Freundschaften im Leben, die beginnen mit einem Schneemann! Liebe Jana, ich bin dir unendlich dankbar für 18 Jahre Heldenweg und dass du immer für uns da bist – vor allen Dingen für mich! Ich habe Dich lieb, bis zum Mond und zurück!

Der Bundesverband behinderter Pflegekinder e.V. leistet seit fast 40 Jahren Missionarsarbeit. Mutig und unermüdlich in seinem Wirken bietet er mir eine vertrauensvolle und wertschätzende Basis für das politische Engagement. Danke für das entgegengebrachte Vertrauen!

Ich danke allen Menschen mit großem Applaus, die den Mut haben, für Frieden, für unsere Umwelt, gegen Fremdenhass und für ein selbstverständliches Miteinander einzutreten. Bleibt immer beherzt und voller Zuversicht!